**열두 살,
용감하게
맞서요**

더 무거워진 학교폭력,
지지 말고 씩씩하게 맞서요

열두 살, 몸과 마음이 쑥쑥 자라는 동시에 남들에게 말할 수 없는 비밀이 조금씩 생기는 나이죠. 드디어 어른으로 성장하는 긴 터널에 첫발을 들인 여러분을 환영합니다.

모든 도로에 안전 표지판이 있듯, 이 터널에도 안전 표지판이 있어요. 특히나 학교폭력에 대해서는 더더욱 많은 경고문이 붙어 있지요. 우선, 몸이 성장한 만큼 학교폭력의 범위가 넓어지고 강도도 세집니다. 가볍게 말다툼하고 투덕거리던 시절에서 벗어나, 큰 몸집을 무기 삼아 위협하는 행위, 주먹다짐, 물건이나 도구를 활용한 폭력 등, 수위 높은 신체적 폭력이 종종 발생합니다.

부모님께 받는 용돈이 늘면서 생기는 문제도 있어요. 바로 '셔틀'과 '금전 갈취'입니다. 교묘하게 내 돈만 쓰게 한다거나, 내 물건을 가져가는 아이들이 있습니다. 이런 경우 친구 관계를 해치지 않으면서 내 것을 지키는 방법을 알아야 해요.

　열두 살은 2차 성징이 시작되며 이성 친구에 대한 호기심이 폭발하는 때입니다. 서로를 존중하며 다가간다면 괜찮지만, 일방적으로 호기심을 채우기 위해 괴롭히는 경우도 많아요. 특히 요즘 가장 심각하게 떠오른 디지털 성폭력과 '딥페이크' 합성까지 막아 내려면 여간 힘든 게 아니랍니다.

　좀 더 복잡해진 괴롭힘에 대응하려면 담대한 용기가 필요해요. 신체적 폭력, 금전적 폭력, 성폭력은 모두 실제 범죄와 연결되는 심각한 학교폭력이지만, 그럼에도 나를 지키겠다는 용감한 마음을 잃지 않으면 충분히 헤쳐 나갈 수 있답니다. 여러분 곁에는 늘 응원해 주는 친구와 든든한 부모님, 그리고 선생님이 함께한다는 사실을 잊지 마세요. 여러분이 부디 용감하게 자기를 지키고 씩씩하게 나아가기를 바랄게요.

변호사 이해은

1장. "그만!"을 외쳐야 할 때 신체적 폭력

- 💬 **폭행** – 덩치 큰 아이들의 위협　　　　　　　　　　10
- 💬 **쌍방 폭행** – 쟤가 먼저 때렸으니 나도 때릴 거예요!　　24
- 💬 **감금과 유인** – 남자 화장실에 갇혔어요!　　　　　　36

2장. 내 시간과 돈은 소중해요 강요와 금전적 폭력

- **강요** – 셔틀? 나는 버스가 아니에요　　　　　　　　50
- **갈취** – 빌려주기만 하고 돌려받지 못하는 돈　　　　62
- **물품 피해** – 내 물건을 함부로 쓰는 친구　　　　　　74

3장. 숨기지 말고 용기 내 말해요 **성폭력**

- ⭐ **성적 괴롭힘** – 답답하고 부끄러운 속옷, 싫어요! 86
- ⭐ **성추행과 성폭력** – 데이트는 좋지만 그 이상은 부담스러워요 98
- ⭐ **디지털 성폭력** – 나는 합성 사진의 그 사람이 아니에요! 110

부록. 부모님과 함께 읽어요 **학교폭력 법률 돋보기**

- ❋ **신체적 폭력**, 사진이나 글로 증거를 남겨요 124
- ❋ **강요와 금전적 폭력**, 친구와 나는 평등해요 130
- ❋ **성폭력**, 주저 없이 도움을 요청해요 136

"힘으로 밀어붙이면 다인가요?"

처음에는 분명 사소한 말다툼이었는데
주먹다짐으로 번지는 일들이 있어요.
어떤 상황에서든 폭력은 안 된다는 걸 알지만
그대로 있다가는 더 크게 당할 것만 같죠.
폭력을 마주했을 때의 대처법부터
쌍방 폭행, 감금과 유인까지 알아볼게요.

1장.

"그만!"을 외쳐야 할 때
신체적 폭력

덩치 큰 아이들의 위협

재인이는 땡볕 아래서 스쿨버스를 기다립니다. 오늘따라 스쿨버스가 늦는 것 같아요. 목을 빼고 보니 저 멀리 드디어 버스가 다가옵니다. 버스가 서자마자 재인이는 급하게 올라탔어요.

"아야!"

서두른 나머지 실수로 뒤에 있던 형우의 발을 밟았나 봐요. 당황한 재인이가 돌아서서 사과하려는데, 생활 지도 선생님이 재촉합니다.

"늑장 부리면 안 돼요! 얼른 자리에 앉아 안전띠 매세요."

재인이는 우물쭈물 자리에 앉습니다. 그런 재인이의 뒤에서 수군거리는 소리가 들립니다.

"쟤는 뭔데 발 밟고 사과도 안 하냐?"

"옆 반 최재인 아냐? 뻔뻔하다, 진짜."

재인이는 미안한 마음에 어떻게든 사과하고 싶지만, 모두가 듣는 곳에서 큰 목소리로 말하는 건 부끄러웠어요. 할 말도 제대로 못하는 소심한 성격이 원망스러워집니다.

점심시간, 급식을 먹은 재인이는 친구들과 함께 운동장으로 나가 스탠드에 앉았어요. 어제 본 예능 프로그램 이야기를 하며 즐겁게 웃고 있는데, 갑자기 재인이 옆에서 무언가가 '퍽' 소리를 내며 터지지 뭐예요. 깜짝 놀라 돌아보니 초콜릿색 액체가 흥건하게 쏟아져 있습니다.

"재인아, 괜찮아?"

누군가 재인이를 겨냥해 초코 우유를 던졌나 봐요. 우유갑이 터지며 초코 우유가 옷과 얼굴에 잔뜩 튀었습니다.

"야! 이거 누가 던진 거야!"

화가 난 재인이의 친구들이 벌떡 일어섭니다. 그때 운동장 쪽에서 깔깔대는 웃음소리가 들립니다. 형우와 남자아이들이었어요. 어른처럼 커다란 덩치에 재인이의 친구들이 잠시 멈칫합니다. 하지만 억울한 재인이를 위해 친구들은 마음을 굳게 먹고 따지기 시작했어요.

"너희들이지? 재인이 몸에 맞을 뻔했잖아! 사과해!"

덩치 큰 형우가 여자아이들을 내려다보면서 가소롭다는 듯이 말합니다.

"아이고, 미안해라. 손에 들고 있었는데 미끄러졌나 봐."

"거짓말하지 마. 일부러 재인이한테 던진 거잖아!"

"아닌데? 일부러 던진 거 아니야. 근데 왜 나한테 시비냐? 쟤는 아침에 내 발을 밟고 사과도 안 했어!"

형우 곁에 있던 남자아이들도 한마디씩 거듭니다.

"맞아. 잘 알지도 못하면서 이래라저래라 하지 마!"

"남을 아프게 했으면 본인도 아파야지!"

형우는 자기 앞에 몰려온 여자아이들의 어깨를 주먹으로 확 밀칩니다. 덩치 큰 형우의 무게 실린 힘에 가벼운 친구들의 몸이 휘청였어요.

"저리 가!"

주먹을 들고 지금이라도 때릴 것처럼 구는 남자아이들을 보고 재인이의 친구들은 무서워서 대꾸도 못 하고 노려보기만 합니다.

'나 때문에 친구들이 곤란해졌어. 다 내 잘못이야.'

재인이는 두렵고 미안한 마음에 고개를 들지 못합니다.

이런 마음으로 그랬어요! 🌷 🌷 🌷

저 우유 던진 거 아니에요! 그냥 들고 있다가 실수로 놓친 거죠. 진짜로 맞은 것도 아닌데 무슨 폭행이라고, 참나. 그리고 먼저 폭력을 행사한 건 발 밟은 애 아닌가요?

변호사 쌤이 알려 주는 경계선 지키기

우리 가족만 있는 집과 달리 학교에서는 화장실을 가려고 복도를 지나가거나 게시판을 보려고 교실 뒤편으로 갈 때 친구와 몸이 부딪히곤 하죠. 마음대로 뛰어다니고 싶지만 참아야 할 때도 있고, 일부러 밀친 게 아니지만 사과해야 할 때도 있어요. 단체생활을 하는 곳에서는 서로를 배려해야 하기 때문이에요.

만약 친구에게 상처를 줄 목적으로 심하게 때리거나 밀면 어떻게 될까요? **친구를 밀거나 손이나 발로 때려서 신체적 피해를 주는 건 학교폭력이에요.** 때리는 것뿐 아니라 **친구를 향해 물건을 휘두르거나, 때릴 것처럼 물건을 들고 위협하는 것, 가방 같은 소지품을 때리는 것도 모두 폭력입니다.** 형우처럼 우유갑을 던져 위협하는 것도 당연히 학교폭력이에요. 몸에 맞든 맞지 않든 상관없습니다. 물건으로 위협한 것만으로 충분히 폭력적인 행동이니까요. 이런 행동은 장난으로도 해서는 안 돼요.

직접적인 위협이 걱정이라면

친구는 장난이라며 때리는데 나는 기분이 나쁘고 위험을 느낀다면 "이런 건 학교폭력이야. 다시는 이러지 마."라고 분명하게 말하세요. 가끔 반

복해서 약하게 때리며 "솔직히 안 아프잖아. 그냥 장난이지."라고 하는 친구도 있어요. 하지만 때리는 힘이 약하더라도 계속해서 때린다면 학교폭력에 해당합니다.

가장 중요한 건 나의 거부 표현이에요. 세게 때리든 약하게 때리든, 폭력을 접하면 **"나는 싫으니 하지 마!"**라고 딱 잘라 말해야 해요. 처음부터 폭력은 절대 안 된다는 메시지를 전달해야 합니다.

그럼에도 폭력적인 상황에 처한다면 똑같이 싸우지 말고 일단 그 자리를 빠르게 떠나세요. 그리고 바로 선생님이나 부모님께 말씀드려야 합니다. 자리를 피하는 건 비겁한 행동이 아니에요. 싸움을 피하는 현명한 방법이죠. 똑같이 폭력을 행사하는 사람보다 지혜롭게 대처하는 사람이 훨씬 용감한 사람이랍니다.

그 누구도 내 허락 없이 내 몸을 아프게 하거나 위협을 가할 수 없어요. 누군가 소중한 내 몸에 상처를 주는 행동을 한다면, 그 자리에서 즉시 어른에게 알리세요.

나를 지키는 한마디

"하지마! 너 지금 이러는 거 학교폭력이야!"
→ 말이 통하지 않으면 즉시 자리를 피하고 선생님과 부모님께 알립니다.

이런 것도 학교폭력일까요?
> 폭행

습관적으로 친구를 쳤는데 기분 나쁘대요.

저는 웃을 때 옆 친구를 때리는 습관이 있어요.
빵 터질 땐 친구 등을 두드리기도 하고요.

저런, 옆에 있는 친구는
당황할 수도 있겠는데요?

제가 그러면 친구도 같이 웃으면서
제 팔을 툭툭 치거나 등을 두드렸거든요.
친구도 똑같이 저를 치니까 괜찮은 줄 알았어요.

그런데 안 괜찮았던 거군요.

얼마 전에 친구가 갑자기
저랑 같이 다니기 싫다지 뭐예요.
제가 웃을 때마다 때리는 게 아팠대요.
이제 저는 가해 학생이 된 건가요?

싫다고 말한 게 이번이 처음인 거죠?

네. 그동안은 같이 웃으면서 서로 팔이나 등을 치고 그랬어요.

혹시 친구가 싫다고 한 뒤에 또 친구의 몸을 친 적이 있나요?

아뇨, 전혀요! 그 이후로는 절대 안 그랬어요!

싫다고 거부 표현을 한 뒤로 그런 일이 없었다면 괜찮아요. 단, 친구가 싫다고 표현했는데도 같은 행동을 반복하면 안 된다는 점, 명심하세요!

한 번 더 생각해요

서로 신체의 일부분을 가볍게 치는 장난을 일상적으로 주고받았고, 친구가 거부 의사를 표현한 적이 없다면 학교폭력으로 보지 않아요. 참고로 거부 의사는 꼭 말이 아닐 수도 있어요. 얼굴을 찡그리거나 슬금슬금 피하는 행동도 거부 의사로 본답니다.

이런 것도
학교폭력
일까요?
> 폭행

송곳을 들고 저를 죽이겠대요!

다른 반 아이와 운동장에서 놀다가
작은 말다툼을 해서 마음이 불편해요.

다툼이 있으면 당연히 기분이 가라앉죠.
그래도 크게 싸우지는 않은 것 같네요.

그냥 서로 짜증 내면서 한마디씩 한 정도였어요.
별로 큰일은 아니라고 생각했는데…….
글쎄 걔가요, 저랑 싸우고 자기 반에 가서는
담임 선생님 서랍 속 송곳을 꺼내 들고
우리 교실로 오려 했대요!
저를 죽일 거라고 말하면서요!

뭐라고요? 송곳은 너무나 위험한데요!
사고가 나거나 누가 다치진 않았나요?

다행히 선생님께서 걔를 말려서
제가 있는 교실까지 오지 못했어요.

> 선생님께서 잘 막아 주셨군요.
> 많이 놀랐을 텐데, 괜찮나요?

> 직접 공격을 받은 건 아니지만
> 무서워서 학교 가기가 두려워요. ㅠㅠ

> 당연히 무섭고 불안하죠.
> 정말로 다칠 수도 있었던 상황이니까요.
> ==때리려고 계획하거나 준비하는 과정도==
> ==학교폭력에 해당돼요.==
> 얼른 어른들께 알리고 심리 상담도 받아 보세요.

(참고: 수원지방법원 2020. 11. 5. 선고 2020구합63253 판결)

한 번 더 생각해요

폭력 행위를 직접 당해야만 학교폭력인 건 아니에요. 위험한 물건으로 누군가를 해치려고 준비하는 예비, 음모 행동도 학교폭력에 해당합니다. 더불어 물건을 들고 마치 던질 것처럼 위협하거나 나 대신 내 책가방을 세게 때리는 행동도 학교폭력이에요. 꼭 맞아야만 폭행이 아니라는 점을 기억해 두세요.

이런 것도 학교폭력 일까요?
> 폭행

저 때문에 친구가 크게 다쳤어요. ㅠㅠ

운동장에 얼음이 꽝꽝 얼어 있어서 친구들과 빙판에서 미끄럼 놀이를 했어요. 그게 문제가 될 줄도 모르고요. ㅠㅠ

혹시 놀다가 사고라도 났나요? 얼음 위는 미끄러워서 조심해야 하는데요.

얼음 위를 슉슉 지나가다 발목을 삐끗해 미끄러지며 친구를 밀쳐 버렸어요.

빙판에서 넘어지다니 정말 많이 아팠겠어요. 둘 다 괜찮나요? 어디 다친 데는 없고요?

저는 괜찮은데 친구가 크게 다쳤어요. 앞으로 넘어지면서 빙판에 얼굴이 심하게 긁혔거든요. ㅠㅠ

저런, 빨리 나아야 할 텐데요.

다친 친구에게 너무 미안해요…….
저는 이제 학교폭력 가해자인가요?
절대 일부러 그런 건 아닌데…….

친구를 다치게 할 의도로 민 것이 아니라면 학교폭력으로 보지 않아요.
실수로 그런 거니까요.
앞으로는 친구들과 놀 때
항상 안전을 생각하기 바랄게요.

한 번 더 생각해요

비슷한 사례로 화장실에서 순서를 기다리다가 먼저 소변 본 친구에게 비키라며 팔을 잡아당겨 미끄러지게 한 남학생이 있어요. 친구는 두피에 상처를 입었지만, 의도적으로 다치게 한 것이 아니므로 학교폭력으로 인정하지 않았습니다(참고: 서울행정법원 2019. 1. 18. 선고 2018구합71656 판결, 의정부지방법원 2020. 8. 13. 선고 2020구합10215 판결).

> 이런 것도 학교폭력일까요?
> 폭행

'어깨빵'을 당했어요!

화장실을 가려고 복도를 걷는데 덩치 큰 아이들이 가로로 무리를 지어 복도를 막고 저를 향해 다가왔어요.

모두가 함께 이용하는 복도에서는 여럿이 무리 지어 길을 막아서는 안 되는데 하필 덩치 큰 친구들이 그랬군요.

왠지 무서운 마음에 벽에 바짝 붙어 걸었는데 저를 보고 자기들끼리 킥킥대더니 팔을 휘두르면서 때릴 것처럼 다가오는 거예요!

저런! 혹시 휘두른 팔에 맞았나요?

다행히 아슬아슬하게 비껴가서 맞진 않았지만요.

직접 내 몸에 닿지는 않더라도 나를 때릴 듯이 손이나 발을 휘두르는 행동은 엄연한 폭력이에요.

휘두른 팔에는 맞지 않았지만 저를 스쳐 지나가면서 자기들 어깨로 제 어깨를 세게 밀쳤어요. ㅠㅠ

어깨를 일부러 강하게 부딪치는 것도 당연히 학교폭력입니다.
게다가 무리를 지어서 그랬을 경우에는 더 무거운 벌을 받을 수 있어요.
이럴 때는 똑같은 폭력으로 맞대응하지 말고 즉시 선생님이나 부모님께 말씀드리세요.

한 번 더 생각해요

직접 내 몸에 닿지는 않더라도 내게 다가오면서 때릴 듯이 손이나 발을 휘두르는 행동이나 어깨를 강하게 치는 일명 '어깨빵'은 엄연한 학교폭력이에요. 특히 한 명이 아니라 두 명 이상 집단으로 폭력을 행사한다면 더 무거운 처분을 받을 수 있습니다.

쌍방 폭행
쟤가 먼저 때렸으니 나도 때릴 거예요!

수업이 끝난 오후, 우진이와 친구들, 그리고 옆 반의 선재와 친구들이 각자 팀을 이뤄서 축구 시합을 합니다.

우진이와 선재는 각 반의 대표이자 모두가 아는 축구 라이벌이에요. 하지만 우진이는 선재를 한 번도 이겨 본 적이 없습니다. 자존심이 상한 우진이는 반드시 골을 넣고야 말겠다는 각오를 다집니다.

'오늘은 꼭 선재를 이길 거야!'

비장한 마음처럼 축구화 끈도 꽉 동여맵니다.

경기 도중 골을 넣을 기회만 엿보던 우진이의 눈에, 마침 골키퍼가 한눈파는 모습이 들어옵니다.

'와, 골을 넣을 수 있겠어!'

우진이는 기쁜 마음에 얼른 골을 몰고 골대로 향했어요. 그런데 그 순간, 선재가 끼어들어 퍽, 하고 종아리를 걷어찹니다. 우진이는 그대로 운동장 바닥에 넘어졌어요. 스파이크가 달린 축구화로 차이니 눈앞에 별이 번쩍번쩍할 정도로 아픕니다. 화가 난 우진이가 아픈 종아리를 붙잡고 씩씩거리며 선재에게 소리쳤어요.

"야! 너 방금 내 다리 찼지? 반칙이야, 반칙!"

"내가 뭘? 공 가져오려고 태클한 건데."

선재는 벌겋게 부은 우진이의 다리를 힐끗 보더니 태연하게 대꾸합니다. 선재의 뻔뻔스러운 태도에 우진이는 화가 머리끝까지 납니다.

'좋아. 해보자는 거지? 그럼 나도 똑같이 돌려주겠어.'

반드시 앙갚음하고야 말겠다는 의지가 활활 타오릅니다.

다시 경기가 시작되고, 이번에는 선재가 공을 몰고 골대로 향했어요.

우진이는 얼른 다가가 선재의 발을 겁니다. 선재가 쿵, 넘어집니다. 그 틈에 공을 뺏은 우진이는 골대로 그대로 몰고 가 슛을 날립니다.

"슛! 골인!"

골을 넣은 우진이가 손을 번쩍 들고 환호성을 지릅니다. 기뻐하는 우진이에게 선재는 발을 쿵쿵 구르면서 다가옵니다.

"야, 차우진! 너 일부러 내 발 걸었지? 빨리 사과해!"

"뭐? 그러는 너부터 사과해! 네가 먼저 발로 찼잖아!"

"뭐야, 한번 해보자는 거야? 너도 당해 봐라!"

선재가 축구화를 신은 발로 우진이의 허벅지를 걷어찹니다.

"아야, 아프잖아! 먼저 때린 게 누군데 이래?"

두 번이나 걷어차인 우진이가 화가 나서 똑같이 선재의 허벅지를 차자 울컥한 선재가 우진이에게 덤벼듭니다. 갑작스런 싸움에 깜짝 놀란 친구들이 우르르 몰려왔어요.

"우진아, 그만해! 이렇게 계속 때리면 너도 잘못하는 거야."

"무슨 잘못? 선재가 먼저 날 걷어찼단 말이야. 너희도 봤잖아!"

"물론 선재가 먼저 그랬지만, 그 뒤로 너도 똑같은 행동을 했잖아."

"그래, 우진아. 서로 한 번씩 주고받았으니까 이제 그만해."

친구들이 달래 주지만 우진이는 아직도 분이 풀리지 않습니다. 그때 선재가 우진이에게 차가운 말을 내뱉습니다.

"애초에 네가 날 때려서 이렇게 된 거니까 네 잘못이야!"

"먼저 태클인 척 종아리 찬 게 누군데?"

선재와 우진이가 다시 으르렁대기 시작합니다. 말리다 지친 친구들은 선재와 우진이를 멀리 떨어뜨려 질질 끌고 갑니다.

이런 마음으로 그랬어요! 🌷 🌷 🌷

일부러 종아리를 찼다뇨? 저는 그냥 태클이었는데요! 우진이가 오해한 거라고요! 게다가 제가 먼저 때렸으니 가해자라는 건 말이 안 돼요! 시비는 우진이가 걸었으니까요!

 **변호사 쌤이 알려 주는 경계선 지키기**

　학교폭력을 판가름할 때는 의도가 무척 중요합니다. 장난에서 비롯한 싸움을 모두 학교폭력으로 보지는 않아요. 놀다가 서로 밀고 밀치더라도, 끝나고 웃으면서 마무리할 수 있다면 학교폭력이 아니에요. 하지만 '저 친구를 다치게 해야겠어!'라는 마음을 먹고 친구를 때린다면, 그때부터는 학교폭력입니다.

　친구가 때렸는데 "아야!" 소리가 날 정도로 아팠다면 어떻게 하는 게 좋을까요? 선재에게 맞대응한 우진이처럼 똑같이 때려서 복수하는 게 옳을까요? 그렇지 않아요. 싸움의 시작이 친구 때문이더라도, 서로가 다칠 정도로 세게 때렸다면 내 행동 또한 학교폭력이에요. **법적으로는 누가 먼저 시작했든 서로를 때리면서 싸움으로 번진다면, 싸운 사람 모두를 폭행 가해자로 보거든요.** 어떠한 상황이든 폭력에 폭력으로 맞대응하지 마세요.

서로 주고받으며 싸운 상황이라면

　싸움이 벌어지면 누구 잘못인지 따지는 일이 무척 중요하게 느껴지죠. 나만 당한 것 같아 억울하기도 하고요. 이럴 때 "네가 먼저 때렸잖아!"라고 따지면 상대방도 똑같이 "아니야, 너 때문이야!"라고 답할 거예요. 과격한 태클 때문에 싸운 우진이와 선재처럼, 서로 상대방이 잘못했다 생각할 테니까요.

하지만 폭행을 주고받았다면 원인이 무엇이든 여러분도 잘못한 게 맞아요. 그 전에 얼마나 억울했는지는 중요하지 않습니다. 서로의 몸을 때린 순간부터 두 사람 모두 가해자니까요. 그러니 상대방이 시비를 걸거나 싸우려 든다면 함께 싸우지 말고 잠시 물러서서 거리를 두세요. 피하는 게 지는 게 아니라, 싸우는 순간 지는 겁니다. 만약 피하려 해도 따라와서 때리려고 한다면 똑 부러지게 말하세요. "하지 마! 나는 몸으로 싸우기 싫어!" 그래도 말이 통하지 않으면 바로 어른에게 알리세요.

하나 더, 꼭 알아 두어야 할 게 있어요. 무차별적 폭행에 대한 '방어'는 정당하다는 거예요. 만약 친구가 나를 마구 때린다면 그 자리를 피하고자 맞서야 할 때가 있어요. 폭행에서 벗어나려고 최소한의 '방어'를 하는 건 학교폭력으로 보지 않습니다.

나를 지키는 한마디

"하지 마! 나는 이런 식으로 싸우기 싫어!"
→ 자꾸 때리려 한다면 선생님이나 부모님께 알립니다.

이런 것도 학교폭력일까요?
> 쌍방 폭행

도망치려다 그런 건데…….

으슥한 골목에서 덩치 큰 형들이 담배를 피우고 있었어요. 냄새가 심해서 흘끗 보고 얼른 뛰어갔거든요.

무서웠겠군요. 잘 피했나요?

한 형이 저한테 "뭘 봐!"라고 외치더니 저를 구석에 몰아넣고 다리를 발로 찼어요.

세상에! 어디 다친 데는 없고요? 정말 나쁜 사람들이네요!

계속 맞을까 봐 저도 그 형을 세게 차고 다들 방심했을 때 얼른 도망쳤어요.

정말 큰일날 뻔했네요. 잘 피한 건 다행이지만, 앞으로는 되도록 으슥한 골목은 피해서 다니도록 해요.

이제는 그 골목 절대 안 가요!
그나저나 저는 그걸로 끝인 줄 알았는데
다음 날 형들이 저를 찾아와서
학교폭력으로 신고하겠대요.
저 때문에 멍이 들었으니 폭행이라면서요.

전혀 걱정할 필요 없어요.
형들이 나를 기습적으로 때려
거기서 벗어나려고 한 거니까요.
**폭력에서 벗어나려고 취한 방어 행동은
학교폭력으로 보지 않습니다.**

(참고: 대전지방법원 2022. 11. 2. 선고 2021구합106318 판결,
창원지방법원 2022. 10. 26. 선고 2021구단11006 판결)

한 번 더 생각해요

누군가 나를 때리는 상태에서 벗어나려고 취한 소극적 방어 행동은 가해 행위가 아니에요. 스스로를 지키기 위해서 어쩔 수 없이 취한 행동이니까요. 또한 상대가 이미 여러 대, 예를 들어 10대를 때린 상태에서 그만하라는 취지로 그보다 훨씬 적은 횟수와 강도, 즉 한두 대를 때린 행동은 '방어'로 보아 학교폭력이라 하지 않습니다.

> 이런 것도 학교폭력일까요?
> 쌍방 폭행

내 동생을 건드리는 건 용서 못 해요!

저는 세상에서 제 동생이 제일 소중해요.
그런데 동생이 엉엉 울면서 집에 왔어요.
놀이터에서 친구한테 맞았다면서요!

저런, 큰 상처는 없어야 할 텐데요.
어른들께 말씀은 드렸나요?

아뇨, 그때 집에 어른이 안 계시기도 했고
제가 혼내주면 되니까 일단 행동부터 했어요.
달려가서 아주 흠씬 두들겨 팼죠.

뭐라고요?! 때렸다니요!
==폭력에 폭력으로 맞대응하는 게==
==가장 나쁜 행동이에요!==

우는 모습을 보니 속이 다 시원하던데요?
소중한 동생을 위한 거니까 후회하지 않아요.
그런데 다음 날 학교폭력 신고가 들어왔어요.

당연하죠. 폭력은 잘못된 거니까요. 처분을 받아들여야 해요.

걔가 제 동생을 먼저 때려서 그런 건데 왜 제 잘못이라는 거예요?! 진짜 분통이 터져요! 다시 찾아가 복수할 거예요!

동생이 맞았다고 나 역시 그 애를 때리면 똑같은 폭행 가해자가 될 뿐이에요. 게다가 신고를 했다는 이유로 폭력을 행사하면 가중 처분, 즉 더 무거운 벌을 받을 수도 있답니다.

한 번 더 생각해요

동생이 다른 친구에게 맞고 왔다면, 폭력으로 복수하기보다는 동생이 다친 곳은 없는지 살피는 게 우선이에요. 만약 다쳤다면 어느 정도로 다쳤는지를 확인하고 부모님과 선생님께 알려서 그 친구가 적절한 처분을 받도록 합니다. 여러분이 대신 나섰다가는 오히려 싸움이 더 커질 수 있으니 주의하세요.

이런 것도 학교폭력일까요?
> 쌍방 폭행

그냥 승부에 진심이었을 뿐!

친구랑 레슬링 놀이를 하다가
그만 함께 넘어졌지 뭐예요.

저런, 많이 다치지는 않았나요?
푹신한 매트 위에서 한 거 맞죠?

하필 콘크리트 바닥 위였어요.
저는 종아리랑 무릎이 까져서 피가 났고
친구는 허벅지에 멍이 들었어요.
너무 미안해서 보자마자 사과했더니
친구도 바로 사과하더라고요.

둘이 같이 넘어졌다니, 큰일 날 뻔했네요!
까지고 멍든 정도면 천만다행이에요.

그런데 저녁에 걔네 어머니가 오셔서
어떻게 친구를 다치게 할 수 있냐면서
학교폭력으로 신고할 테니 각오하래요.
먼저 사과한 거 보니 잘못한 걸 알고 있었다면서요.

둘이 동시에 쓰러졌다고 했죠?
혹시 일부러 골탕을 먹이려고
발을 걸거나 밀쳤나요?

서로 힘겨루기하다가 균형을 잃은 거지
일부러 그런 건 절대 아니에요!
승부에 진심이었을 뿐, 서로 사이는 좋거든요.

서로를 다치게 할 의도가 없었다면
학교폭력이 아니니 괜찮아요.
앞으로는 위험한 놀이는 하지 말기 바랄게요.

(참고: 수원지방법원 2019. 4. 18. 선고 2018구합2248 판결)

한 번 더 생각해요

서로 재미있게 놀다가 의도치 않게 친구를 다치게 할 때도 있어요. 나 때문에 다친 걸 보면 미안하기도 하고 죄책감이 들기도 하죠. 그런 마음에 사과하는 건 당연한 일이랍니다. 하지만 누군가가 다쳤다고 반드시 학교폭력인 건 아니에요. 우리 법원은 다치게 하려는 의도가 없었다면 학교폭력이 아니라고 본답니다.

남자 화장실에 갇혔어요!

"얘들아, 내가 돌아왔다!"

우지가 초콜릿이 한가득 든 봉투를 들고 교실로 들어섭니다.

"어? 우지잖아! 오랜만이야."

"여행 어땠어? 사진 보여 줘!"

우지는 현장 체험학습으로 부모님과 일주일간 해외여행을 다녀왔어요. 반가워하는 친구들을 보며, 우지는 여행지에서 사 온 초콜릿을 책상 위에 펼칩니다.

"내가 먹어 본 초콜릿 중에 제일 맛있는 거야! 너희랑 나눠 먹으려고 가져왔어. 이건 피스타치오 든 거, 이건 달콤한 밀크 초콜릿, 이건 쌉싸름한 다크 초콜릿이야."

우지는 반 친구들 모두에게 세 가지 맛을 골고루 나눠 줬어요. 먹는 걸 좋아하는 승민이도 초콜릿을 받아서 한입에 꿀꺽 다 먹어 버립니다.

"야, 나 초콜릿 좀 더 주면 안 돼?"

"미안하지만 벌써 다 나눠 주고 없어."

승민이의 부탁을 우지가 부드럽게 거절합니다.

'에이, 아쉽다. 더 먹고 싶은데⋯⋯. 잠깐만, 지금은 없다 해도 우지 집에는 초콜릿이 아직 많지 않을까?'

골똘히 생각하던 승민이는 혼자만의 계획을 짭니다.

학교 수업이 모두 끝난 오후, 승민이가 학원에 가려는 우지를 가로막았어요.

"야, 잠깐만 나랑 이야기 좀 하자."

"왜? 나 학원 가야 하는데."

곤란한 표정을 지었지만 승민이가 막무가내로 우지의 손을 잡아 이끕니다. 승민이는 중학생 형들처럼 덩치가 커서 쉽게 뿌리칠 수 없어요.

"왜 그러는데? 여기서 말하면 되잖아."

"여기는 시끄럽잖아. 조용한 1층 남자 화장실로 가."

"1층 화장실? 거기는 친구들이 잘 안 가는 곳이잖아……."

우지가 벗어나려고 하자 승민이는 붉은 손자국이 생길 정도로 우지의 팔을 꽉 붙잡더니 1층으로 질질 끌고 갔어요. 화장실에 들어서자마자 승민이가 본색을 드러냅니다.

"아까 그 초콜릿, 더 내놔."

입구를 막고 서서 위협하는 목소리가 화장실 벽에 울려 퍼집니다.

"……더는 없다고 했잖아."

"지금 없는 거지, 집에는 많잖아."

우지는 초콜릿을 주기 싫지만, 아까처럼 거절하기는 어렵습니다. 좁고 어두운 화장실에는 우지와 승민이, 단둘밖에 없거든요. 겁이 난 우지는 몸서리를 칩니다.

"승민아, 나 여기서 나가고 싶어."

"나한테 초콜릿 준다고 말해. 그러면 나가게 해 줄게."

우지가 하는 수 없이 고개를 끄덕이자, 승민이가 만족스러운 듯이 씩 웃으며 자리를 비켜 줍니다.

"약속 꼭 지켜. 안 그러면 여기서 또 보게 될 거야."

우지는 떨리는 마음을 가라앉히지 못하고 재빨리 화장실을 빠져나옵니다.

이런 마음으로 그랬어요! 🌷 🌷 🌷

우지를 가뒀다고요? 그런 적 없어요! 저는 그냥 조용한 곳에서 얘기한 거예요. 초콜릿도 우지가 저한테 주겠다고 한 거지, 억지로 뺏은 거 절대 아니에요!

 **변호사 쌤이 알려 주는 경계선 지키기**

우리는 어디든 원하는 곳에 자유롭게 갈 권리가 있어요. 누구도 나의 이동을 막아서는 안 됩니다. 그래서 '학교폭력 예방법'에서는 '감금'과 '유인' 또한 학교폭력이라고 규정해 두었어요.

감금은 움직이지 못하게 막는 것을 말합니다. 친구의 손과 발을 붙잡고 움직이지 못하게 하는 것도 감금이에요. 또 승민이처럼 으슥한 장소로 오라고 한 다음 빠져나가지 못하게 하는 것도 감금이지요.

그럼 유인은 무엇일까요? 친구를 속이거나 유혹해서 자기가 원하는 곳으로 이끄는 행동을 뜻해요. 친구가 누구에게도 도움을 청하지 못하도록 유도하는 거죠.

감금과 유인은 둘 다 가고 싶지 않은 곳으로 가게 만들어요. 장소가 달라지면 느끼는 감정이 달라지거든요. 매일 교실에서 마주하던 선생님이 교무실로 부르면 더 긴장되는 것처럼요.

사람이 없는 학교나 학원의 화장실, 으슥한 골목길에 이끌려 가는 건 위험해요. 그런 곳에서는 누군가 나를 때리거나 협박해도 도움을 요청할 수 없으니까요. 원하지 않는 곳으로 이끌고 가거나, 빠져나가지 못하게 하는 것 또한 학교폭력임을 꼭 알아 두세요.

친구가 나를 자꾸 끌고 가려 한다면

누구와 무슨 이야기를 하든, 사람들이 많고 눈에 띄는 곳에서 하세요. 언제든 도움을 요청할 수 있는 곳이 가장 안전하답니다. 만약 친구가 나를 잡아끌며 "그냥 조용한 곳에서 이야기하려고 그러는 거야."라고 한다면 "아니, 나는 여기가 좋아. 여기서 얘기하자."라고 명확하게 선을 그으세요. 그렇게 말했는데도 억지로 끌고 간다면 큰 목소리로 도움을 요청해야 합니다. "나는 가고 싶지 않아! 얘들아, 얘가 나를 끌고 가려고 해!"라고요. 주변에 이름을 아는 친구가 있다면 그 친구의 이름을 부르며 "연우야, 도와줘!"라고 말하는 것도 방법이에요. 자신의 이름이 불린 친구는 더 적극적으로 행동하게 되거든요.

어쩌다 으슥한 곳까지 끌려갔는데 빠져나오기 곤란하다면 아주아주 크게 소리를 질러서 도움을 요청하세요. 소리가 들리면 사람들이 쳐다보고 다가오기 때문에, 가해 학생은 소리 지르는 것을 가장 경계한답니다.

나를 지키는 한마디

"나는 여기가 좋아. 여기서 말해."
"얘들아, 얘가 나를 끌고 가려고 해!"

이런 것도 학교폭력일까요?
> 감금과 유인

싸게 사는 줄 알았는데…….ㅠㅠ

비싼 물건을 싸게 살 수 있으면 좋죠? 얼마 전에 친구가 만 원짜리 기프트 카드를 오천 원에 판다는 거예요!

반값이라니 지나치게 싼데요? 왜 싸게 파는지는 물어봤어요?

아니요. 다른 아이가 먼저 살까 봐 당장 제가 사겠다고 했죠. 그런데 말이 떨어지자 마자 으슥한 골목으로 따라오잖아요.

친구랑 단둘이요? 으슥한 곳이면 무서웠을 텐데요!

별 의심 없이 따라갔는데 막다른 골목에 도착하자마자 일단 돈부터 내놓으라며 협박하더고요. ㅠㅠ 제가 기프트 카드를 보여 달라고 했더니 자기를 의심하냐면서 갑자기 화를 냈어요.

역시 돈을 빼앗으려는 거였군요! 잘 빠져나왔나요?

걔가 한눈을 판 틈을 타 도망치긴 했는데 아직도 가슴이 두근거리고 떨려요. ㅠㅠ

비싼 물건을 싼값에 팔겠다고 꾀어내서 **아무도 없는 곳에 데리고 가는 건 '유인'이라는 학교폭력이에요.** 앞으로 그런 일이 있으면, 소리를 질러 주변에 도움을 요청하세요.

한 번 더 생각해요

흥미가 있는 물건으로 환심을 사거나, 무서운 얼굴로 따라오라며 특정 장소로 유도하는 행동은 학교폭력입니다. 사람이 없는 곳으로 유인하거나, 늦은 시간에 따라오라는 말을 들으면 즉시 거절하고 환한 낮 시간에 사람이 많은 곳에서 만나자고 하세요.

> 이런 것도 학교폭력 일까요?
> 감금과 유인

중학생 언니들에게 둘러싸였어요. ㅠㅠ

저 어제 엄청 무서운 일을 겪었어요!
아직까지 손발이 덜덜 떨려요. ㅠㅠ

도대체 무슨 일이기에 그런가요?

지난번에 저랑 심하게 다툰 친구가 있거든요.
갑자기 밤에 전화를 하더니 화해하고 싶다면서
잠깐 밖으로 나오라는 거예요!

밤중에 바깥으로 나오라고 했다고요?
대체 몇 시였는데 밖으로 부른 건가요?

밤 10시도 넘은 때였어요!
그래도 사과는 받아줘야겠다는 마음에
부모님께 잠시 편의점 다녀오겠다고 나갔거든요.
그런데!!! 정작 밖으로 나가 보니 그 친구랑 함께
무섭게 생긴 중학생 언니들이 잔뜩 있더라고요!

다 늦은 밤에 정말 많이 놀랐겠어요!
혹시 그 선배들이 욕하거나 때리지는 않았나요?

그냥 저를 중간에 세워놓고 빙 둘러서서
"야, 좋은 말로 할 때 얘랑 친하게 지내라."
라고 했어요.
때린 건 아니지만 정말 너무 무서웠는데,
혹시 학교폭력으로 신고해도 될까요?

그럼요. 두려운 마음에 그 자리에서 빠져나오지
못한 거잖아요. 당연히 감금이고 학교폭력이에요.
꼭 신고해서 다시는 이런 일이 없도록 하세요.

한 번 더 생각해요

특정 장소에서 자유롭게 다니지 못하도록 막는 감금은 학교폭력입니다. 직접적인 폭행이나 욕설 같은 언어적 폭력이 없었다 해도, 무서운 마음에 그 자리에서 꼼짝할 수 없게 만든 거니까요. 나를 에워싸고 빠져나가기 어려운 상황을 만든다면, 소리를 질러 즉시 주변에 도움을 요청하도록 하세요.

> 이런 것도
> 학교폭력
> 일까요?
> 감금과 유인

친구들이 옷장에 가뒀어요. ㅠㅠ

 수학여행에서 친하지 않은 아이들과 같은 방을 쓰게 됐어요.
조금 어색해서 조용히 있었는데 갑자기 숨바꼭질을 하자는 거예요.

방에는 숨을 곳이 적어서 숨바꼭질이 어려울 텐데요?

 옷장에 숨으라고 밀어붙이더라고요.
다들 숨으라고 하니 어쩔 수 없이 옷장에 들어갔어요.

많이 좁았을 텐데 괜찮았나요?
답답하진 않았고요?

 저 혼자만 겨우 들어갈 만한 크기였어요.
너무 답답해서 나가려 했는데,
아이들이 문을 막고 서서 못 열게 하는 거예요!

저런! 밀폐된 공간에 갇히는 건 무척이나 위험한 일인데요!

 심지어 마구 깔깔거렸어요. ㅠㅠ 큰 소리로 문을 두드리며 열어 달라고 했는데 그 모습이 재밌는지 오히려 더 크게 웃었고요.

옷장에 가두고 못 나오게 하는 건 더 이상 놀이라고 할 수 없어요. 명백한 감금이며 학교폭력입니다. 부모님과 선생님께 바로 도움을 요청하세요.

한 번 더 생각해요

특정한 장소에 가두는 행동은 학교폭력입니다. 만약 갇혔다면 곧바로 도움을 요청하세요. 어른에게 전화를 해도 좋고 다른 사람이 들을 수 있도록 큰 소리로 외쳐도 좋습니다. 바로 대처하지 못했다면, 피해를 당한 상황을 기록해 두었다가 선생님께 말씀드려 다시는 그런 행동을 못 하게끔 하세요.

"따지는 제가 쪼잔한 건가요?"

누군가 나의 것을 함부로 썼을 때 화가 나는 건
물건이 아까워서가 아니에요.
내 영역을 존중하고 지켜 주지 않았기 때문이죠.
내 돈과 내 시간, 내 물건이 소중한 만큼
다른 친구의 것도 중요하답니다.
강요, 갈취, 물품 피해 사례를 바탕으로
금전적 폭력이 무엇인지 생각해 봐요.

2장.
내 시간과 돈은 소중해요
강요와 금전적 폭력

셔틀? 나는 버스가 아니에요

은우가 교실에 들어서는데 어디선가 익숙한 게임 음악이 들립니다. 수호와 로운이 쪽이었어요.

"야, 이번에 하는 게임 이벤트 봤어? 보상으로 주는 아이템 멋지더라."

수호가 팔을 툭툭 치며 묻자 로운이가 핸드폰에서 시선을 떼지도 않은 채 답합니다.

"응! 이참에 레벨업 많이 해야지. 너는 나랑 레벨도 비슷하니까 같이 하자."

"나랑 해 주면 고맙지. 그런데 너 곧 만렙 찍겠다! 대박!"

로운이와 수호가 이야기하는 게임은 은우도 즐겨 하는 게임입니다. 하필이면 요즘 레벨업이 쉽게 되지 않아서 끙끙 앓고 있던 참이었어요.

"얘들아, 나도 그 게임 아는데! 레벨 몇인지 봐도 돼?"

은우는 눈을 반짝이며 서둘러 로운이와 수호 곁으로 다가갑니다.

"그래, 한번 봐."

로운이가 자랑스럽게 게임 계정을 보여 줍니다. 정말 만렙에 근사한

레벨이라 은우의 눈이 휘둥그레집니다.

"와, 나는 초급이라 이런 레벨 처음 봐! 진짜 대단하다! 나도 같이 하면 안 될까?"

로운이와 수호는 서로 눈빛을 교환하더니 고개를 설레설레 젓습니다.

"초급이라며, 우리랑 레벨 차이가 너무 많이 나서 안 돼."

"너랑 하면 우리만 손해야."

둘 다 거절하자 은우가 시무룩해집니다. 그런데 그때 지잉, 하고 로운이에게 문자 메시지가 도착했어요.

"아, 어쩌지. 데이터 소진 문자야. 나 이번 달 데이터 다 썼나 봐. 다음 달이 되려면 아직 멀었는데, 게임 이벤트 어떻게 하냐고!"

로운이는 금방이라도 울 것처럼 울상을 짓습니다. 그러자 옆에 있던 수호가 슬그머니 은우에게 말을 겁니다.

　"윤은우. 너 이번 달 데이터 아직 남았어?"

　"응? 어어, 나는 아직 많지……."

　은우가 엉겁결에 답하자 수호가 냉큼 로운이에게 말합니다.

　"로운아, 걱정 마. 은우 이번 달 데이터 많대. 은우가 핫스팟 켜 주면 너도 게임할 수 있어."

　"아! 그러면 되겠다!"

　로운이의 표정이 대번에 밝아졌어요. 수호가 손을 뻗어 은우의 핸드폰을 가지고 가려고 합니다.

"은우야, 핸드폰 좀 줘 봐. 핫스팟 켜게."

"어? 싫…… 싫어. 나도 데이터 아껴 써야 하는데……."

핸드폰을 두고 실랑이하는 은우에게, 로운이가 인심 쓴다는 듯 말합니다.

"너 아까 우리랑 같이 게임하자고 했지? 레벨업하고 싶다며? 와이파이 셔틀이 되면 같이 해 줄게. 일단 핸드폰부터 줘."

게임을 함께하자는 말에 은우의 손에서 힘이 빠집니다. 수호는 핸드폰을 가져가더니 재빨리 핫스팟을 켜 버립니다.

"로운아, 켰어. 와이파이 잡히지? 이제 게임하자."

핫스팟이 연결되자마자 두 사람은 깔깔거리며 게임에 몰두합니다. 은우도 함께하려 했지만, 게임 속의 두 사람은 은우를 두고 멀리 가 버렸어요. 어쩐지 당한 듯한 느낌에 은우는 속이 상합니다.

'뭐야, 나 끼워 주지도 않고……. 그나저나 데이터 다 쓰면 어쩌지?'

은우는 가슴을 졸이며 두 사람이 얼른 게임을 끝내기만을 기다립니다.

이런 마음으로 그랬어요! 🌷 🌷 🌷

억지로 데이터 빼앗아 쓴 거 아니에요. 저는 레벨업 도와주고, 은우는 남는 데이터 나눠 주기로 한 거죠. 그리고 친구인데 데이터 좀 같이 쓸 수 있는 거 아니에요?

변호사 쌤이 알려 주는 경계선 지키기

"너랑 나는 친구니까, 나를 위해서 이것도 사 줘."

생일을 앞둔 친구가 비싼 물건을 가리키며 이런 말을 하면 어떨까요? 빵을 사 오라고 하거나, 핫스팟을 켜 달라고 하거나, 이모티콘을 사 달라고 하면요?

대놓고 요구하는 말을 들으면 왠지 그대로 해 줘야 할 것 같죠. 시키는 대로 하지 않으면 사이가 틀어질 것 같기도 하고요. 하지만 **하기 싫은 일, 심지어 할 필요가 없는 일을 억지로 요구하는 건 '강요'랍니다**. 친구가 내게 무언가를 사 오라는 식으로 명령한다면, 그건 강요에 의한 학교폭력이에요.

친구란 같은 위치에서 서로를 북돋아 주는 사람이에요. 친구 사이에는 위아래가 없고 모두가 동등하답니다. 나는 친구를 위한 행동을 하는데 친구는 나를 위해 아무것도 하지 않고 일방적으로 받으려고만 한다면 두 사람은 친구라고 할 수 없어요. 진짜 친구는 내게 무언가를 시키거나 강요하지 않는답니다.

하기 싫은 행동을 자꾸만 강요한다면

친구가 해 달라고 했을 때, 좋은 마음으로 들어주고 싶다면 그건 부탁이에요. 하지만 들어줄 수 없거나 하기 싫은 행동을 반복해서 요구하는 건 '강요'입니다. 이럴 때는 확실한 이유를 들어 거절하세요. "미안하지만, 이런 이유로 네 부탁을 들어주기 어려워."라고 말하면 됩니다.

내가 원하지 않는 행동이라면, 하기 싫다고 분명히 말해야 합니다. 학교폭력을 판가름할 때 피해자가 거절했는지를 매우 중요하게 보거든요. 게다가 내가 아무 말도 하지 않으면 '어? 얘는 내가 억지를 써도 잘 들어주네?'라고 오해할 수 있어요.

싫다고 말할 수 없는 무서운 분위기 속에서 강요당했다면, 당시 상황을 음성으로 녹음하거나 사진, 영상으로 남기세요. 그게 어렵다면 일기장에 상세하게 적어 두는 것도 좋아요.

강요는 되풀이되기 쉬운 학교폭력이에요. 한 번 들어주면 계속 당할 수 있으니, 처음부터 하기 싫은 일은 용기 내어 거절하도록 하세요.

나를 지키는 한마디

"미안한데, 그건 안 될 것 같아."
"그 부탁은 들어주기 곤란해. 그 얘기는 그만하자."

이런 것도 학교폭력 일까요?
> 강요

친구가 시켜서 했을 뿐인데요. ㅠㅠ

장난기 많은 친구가 있는데요, 걔가 요즘 얌전한 여자아이한테 꽂혔어요.

꽂혔다는 게 무슨 뜻이죠? 좋아한다는 건가요?

아뇨, 괴롭히고 싶어한다는 뜻이에요. 게다가 그걸 자꾸 저한테 시키려고 해요! "쟤 옷에 볼펜으로 낙서해 봐." 라면서요!

남을 괴롭히라고 시키다니 그건 절대 안 되는 일이에요!

당연히 저도 싫다고 했어요.
그런데 "그럼 너랑 친구 안 해!" 라고 하잖아요.
저는 친구가 별로 없어서 걔랑 절교하면 같이 놀 애가 없단 말이에요.
그래서 하는 수 없이 낙서했어요. ㅠㅠ

남을 괴롭히는 대가로 친하게 지내는 게 대체 무슨 의미가 있을까요. 미안하지만 핑계로만 들리네요.

그러니까, 저도 하기 싫었다니까요! 그나저나 저 학폭으로 신고당하면 어쩌죠? 저는 친구가 시켜서 했을 뿐인데……

그렇더라도 행동을 한 사람은 '나'예요. '내' 행동으로 피해가 발생했으니 당연히 학교폭력입니다. 진심으로 사과하고 다시는 그러지 마세요.

한 번 더 생각해요

물론 나쁜 짓을 하라고 시킨 친구 역시 잘못이 있지요. 하지만 아무리 시켜서 했다 하더라도 잘못된 행동이 용납되는 건 아니에요. 누군가를 괴롭히는 일은 절대 따라서는 안 됩니다. "이건 괴롭힘이잖아. 나는 안 할 거야."라고 말하면서 자리를 떠나도록 하세요. 다른 친구를 괴롭히는 건 놀이가 아니라 학교폭력입니다.

이런 것도 학교폭력 일까요?
> 강요

전 선물하기 싫은데 꼭 해야 한대요.

저는 요즘 그림 연합 동아리 활동에 푹 빠졌어요.
동아리 친구들과도 사이가 좋고요.

그림 동아리라니 재밌겠네요.
여러 학년이 모인 연합 동아리라면
선배랑 후배도 있겠어요.

네, 후배들과는 친한데
선배들은 좀 무서워요.
특히 만날 때마다 저를
노려보는 선배가 있어서…….

저런, 선배가 그러면
더 무섭게 느껴지겠어요.

다행히 그 선배가 이번에 전학을 간대요!
그런데 다 같이 돈을 모아
선물하자는 이야기가 나왔어요.

그 선배가 동아리 선후배들과
친하게 지내서 다들 아쉬운가 보군요.

그렇지만 저와는 친하게 지내지 않은걸요.
제 인사는 받아 주지도 않았다고요.
저는 선물을 사 주고 싶지 않은데
동아리에서는 자꾸 저한테 돈을 내라고 해요.
저도 동아리 후배니까 똑같이 돈을 내야 한대요.

동아리에 가입한 건 그림을 그리기 위해서지,
선배에게 선물을 사 주기 위해서가 아니에요.
내가 원해서 내는 게 아니라면
그 누구도 나에게 돈을 내라 강요할 수 없습니다.

한 번 더 생각해요

고마운 마음이 들어 자발적으로 돈을 내는 건 괜찮아요. 하지만 누군가가 돈 내기를 강요한다고 해서 억지로 낼 필요는 없어요. 지속적으로 돈 내기를 재촉하는 행동 또한 강요에 의한 학교폭력으로 볼 수 있습니다.

> 이런 것도 학교폭력일까요?
> 강요

이모티콘을 조르는 친구가 있어요. ㅠㅠ

저는 이모티콘이 좋아요.
제 감정을 대신 표현해 주거든요.

맞아요. 이모티콘을 쓰면 대화가 더 편안해지는 장점이 있지요.

그런데 제가 이모티콘을 자주 쓰니까 친구가 부러웠는지 하나만 사 달래요. ㅠㅠ

이모티콘은 많이 비싸지 않은데요! 용돈을 아끼면 살 수 있지 않나요?

자기는 용돈이 없어서 못 산대요.
싫다고 하니까 메시지로 계속 졸라 댔어요.
"사 줘, 사 줘, 사 줘!" 이렇게요!

저런, 무시하기도 쉽지 않겠어요.
그래서 결국 사 주었나요?

아뇨. 저도 용돈 아껴서 사는걸요.
그런데 그 후로 제가 새 이모티콘을 쓸 때마다
"나한테 사 줄 돈은 없으면서 네 건 잘 사네?"
라면서 자꾸 비꼬고 그래요. ㅜㅜ
이런 일로 학교폭력 신고하긴 좀 그렇고……
그냥 하나 사 주고 말까요?

선물하고 싶은 마음이 없을 때는
굳이 사 줄 필요 없어요.
가격이 저렴하다고 해서,
혹은 말로만 조른다고 해서
'강요'가 아닌 건 아니랍니다.

한 번 더 생각해요

이모티콘은 용돈으로 구매할 수 있는 가격이라 선물로 주고받는 친구도 있고, '단짝템'이나 '커플템'으로 같은 이모티콘을 쓰는 친구들도 있어요. 서로 마음이 맞아 선물하는 건 괜찮지만, 선물할 생각이 없는 친구에게 강압적으로 요구하는 건 학교폭력입니다. 아무리 가격이 저렴하다고 해도 엄연한 강요니까요. 이모티콘뿐 아니라 실제 물건이 오가는 기프티콘을 요구하는 것도 학교폭력이랍니다.

빌려주기만 하고 돌려받지 못하는 돈

"와, 이렇게 넓은 스크린으로 영화를 볼 수 있다니, 진짜 기대된다."

오늘은 준민이와 두영이가 함께 영화를 보기로 한 날이에요. 기다리던 슈퍼 히어로 액션 영화를 드디어 본다는 사실에 준민이는 잔뜩 들떴답니다.

"두영아, 우리 중간에서 볼까, 아니면 뒷좌석에서 볼까?"

"뒤에서 보자! 이런 건 멀리서 봐야 웅장하고 실감 나지!"

준민이는 무인 매표 기계에서 뒷자리를 고릅니다. 결제 버튼을 누르자, 돈을 내라는 안내가 나옵니다.

「카드나 현금을 넣어 주세요.」

"계산 어떻게 할래?"

두영이를 보며 묻자, 두영이가 곤란한 얼굴을 합니다.

"아, 준민아. 미안한데 내가 돈을 가져오는 걸 깜박했어. 네가 대신 내 줘. 다음에 갚을게."

"또? 너 지난번 탕후루 값도 아직이잖아……."

지난주에도 두영이는 지갑을 집에 두고 왔다며 탕후루 값을 준민이에게 대신 내 달라고 했습니다. 탕후루는 3천 원이라 괜찮았지만 이번에는 1만 원이 넘는 영화표라 선뜻 빌려주기 망설여집니다. 고민하는 준민이를 본 두영이가 넉살 좋은 말투로 웃으며 부탁합니다.

"용돈을 다 써서 그래. 다음 달에 탕후루 값 갚을 때 푯값도 같이 줄 테니까 걱정하지 마."

영화관까지 왔는데 그냥 돌아가기 아쉬웠던 준민이는, 결국 영화표 두 장을 자기 용돈으로 계산합니다.

영화를 다 보고 신이 난 준민이는 영화관 밖으로 나오며 수다를 떨었어요.

"진짜 너무 재밌었어! 주인공이 탕탕, 총 쏘는 거 멋지더라!"

"그러면 준민아, 우리 PC방 가서 게임할래? 영화 주인공처럼 파파팍! 나쁜 몬스터를 사냥하는 거야!"

"좋아!"

두영이의 제안에 솔깃해진 준민이는 냉큼 좋다고 답하고 PC방으로 향합니다.

"1시간 요금으로 결제할까?"

"응. 그런데 준민아, 오늘 내가 돈을 안 가져왔잖아. 이것도 네가 대신 내 줄래? 나중에 다 같이 갚을게."

"그래, 뭐. 어쩔 수 없지."

준민이는 두영이 몫의 PC방 비용까지 결제하고 자리에 앉습니다.

'1시간 정도면 내 용돈에서 감당할 수 있겠지.'

준민이는 가볍게 생각했지만, 두영이의 생각은 달랐나 봅니다.

"게임 오버래. 두영아, 우리 이제 집에 가자. 벌써 1시간 지났어."

"이번엔 진짜 잘할 수 있어! 1시간만 더 하자!"

돈이 없는데도 두영이는 계속 게임을 하고 싶어합니다.

'이러다가 한 달 용돈 다 쓰겠어. 얘는 대체 언제까지 있을 생각일까?'

걱정스러운 마음에 준민이가 조심스럽게 묻습니다.

"두영아, 저기……. 나한테 빌린 돈 언제 갚을 거야?"

"어휴, 금방 갚을게. 이자까지 쳐서 주면 되지? 하하하!"

두영이는 별거 아니라는 듯이 웃어넘깁니다. 벌써 용돈이 바닥난 준민이만 걱정이 태산입니다.

이런 마음으로 그랬어요! 🌷 🌷 🌷

돈은 당연히 갚을 거예요. 그런데 지금 당장은 돈이 없고, 다음 달도 용돈이 좀 빠듯하네요. 내년 설에 세뱃돈 받을 테니 그때 주려고요. 언젠가는 갚을 텐데 왜 자꾸 닦달하는지 모르겠어요.

 **변호사 쌤이 알려 주는 경계선 지키기**

"용돈이 떨어져서 그런데, 천 원만 빌려줄 수 있어?"

친한 친구가 이렇게 부탁하면 여러분은 어떻게 할 건가요? 믿을 만한 친구라면 아마 천 원 정도는 흔쾌히 빌려줄 거예요. 그런데 만약 친구가 돈을 빌리기만 하고 갚지 않는다면 어떻게 될까요?

==돈을 빌렸지만 갚을 생각이 없고, 실제로도 갚지 않는 것을 법률 용어로 '금전 갈취'==라고 해요. '돈을 함부로 빼앗았다'라는 뜻이랍니다. 금전 갈취는 당연히 학교폭력이에요. 빼앗아 간 돈이 많든 적든 상관없답니다.

돈을 빌려 놓고 다른 물건으로 대신 갚아서도 안 돼요. 싼 물건을 비싼 물건이라 속이면서, 같은 값어치가 있으니 이걸로 대신하자 우기는 사례도 많거든요. "내가 대신 마라탕 사 줄게. 됐지?"라는 식으로 말하더라도 흔들리지 말고 반드시 돈으로 돌려받으세요.

돈을 빌려줄 때는 신중해야 해요. 꼭 내가 빌려주어야 하는 상황인지, 정직하고 믿을 수 있는 친구인지 곰곰이 생각해 보세요. 만약 빌려준다면 언제까지 돌려줄 수 있는지 꼭 묻고, 빌려준 날짜와 받을 날짜, 금액을 적어 두세요. 기억은 희미해지기 마련이라, 나중에는 서로 기억하는 내용이 달라질 수 있거든요.

빌려 간 돈이나 물건을 받지 못해 걱정이라면

돈을 빌려 간 친구에게 "언제 갚을 거야? 얼른 갚아."라고 말하기 민망할 때가 있죠. 괜히 말했다가 친구가 기분 나빠하지 않을까 걱정도 되고요. 하지만 돈을 빌렸다면 돌려주는 게 당연한 일입니다. 나는 내가 빌려준 돈을 돌려받을 권리가 있어요. 그러니 갚기로 한 날까지 돈을 돌려주지 않는다면 꼭 물어보세요. "빌려준 돈, 오늘까지 갚기로 하지 않았어?" 하고요. 친구가 잠시 잊었을 수도 있으니까요. 비난하는 말투가 아니라면 사이가 나빠지지 않을 거예요.

만약 돈을 갚지 않고 "왜 자꾸 재촉하냐?"라며 오히려 큰소리를 친다면 "그래? 그럼 언제까지 줄 수 있는데?" 하고 친구가 스스로 약속일을 정하게끔 하세요. 그리고 다시 약속을 어길 경우, 부모님이나 선생님께 도움을 요청하세요. 언제 얼마나 빌려주었는지 기록해 둔 자료가 있다면 더욱 도움이 됩니다.

나를 지키는 한마디

"내가 돈 빌려준 거 기억하지? 네가 용돈을 받는 다음 주까지 꼭 돌려줘."

> 이런 것도 학교폭력일까요?
> 갈취

내가 너무 쪼잔한 걸까요?

제 친구는 하굣길에 자꾸 놀러 가자고 졸라요. 그러고는 매번 제 체크카드로 계산해요.

돈을 내지 않는다고요? 혹시 그럴 만한 이유라도 있나요?

현금밖에 없어서 거스름돈 받기 귀찮대요. 카드로 하면 동전도 안 받고 간단하니까, 저더러 결제하라는 거예요.

으음, 그냥 불편해서 그런 거군요. 그럼 결제한 돈은 잘 주고 있나요?

아뇨! 한 번도 준 적이 없어요!

대신 계산한 돈은 받아야지요. 달라고 직접적으로 말해 봤나요?

그게요……. 쉽지 않아요.
받을 돈이 매번 1~2천 원밖에 되지 않으니
너무 쪼잔해 보일까 봐…….

많든 적든 받아야 할 돈을 받는 건
절대 쪼잔한 일이 아니에요.
**아무리 적은 돈이라도 일부러 주지 않는다면
금전 갈취이므로 학교폭력이랍니다.**
친구가 어떻게 볼지 고민하지 말고
당당하게 돌려달라 말하세요.

한 번 더 생각해요

함께 놀면서 내 돈만 쓰게 하는 것도 학교폭력입니다. 아무리 적은 돈이어도 갚지 않는다면 금전 갈취예요. 친구가 자기 몫의 돈을 내지 않는다면 그 자리에서 바로 잘못을 짚어 주세요. "같이 놀았는데 왜 나만 돈을 내야 해? 너도 같이 내야지."라고 말하는 거예요. 한 번 참아 주면 그 뒤로는 더 쉽게 요구할 수 있으니, 그런 일이 있을 때 바로 말로 표현해야 해요.

> 이런 것도 학교폭력일까요?
> 갈취

내 돈으로 투자하더니 반토막 났대요.

친구가 나중에 두 배로 갚을 테니 급하게 돈 좀 빌려달라고 하더라고요.

그렇게 급하게 돈이 필요한 일이 무엇인지 궁금하네요.

게임 속 희귀 아이템을 사 두면 나중에 두 배 가격으로 팔 수 있다나요? 근데 지금은 돈이 없다면서 빌려 갔어요.

네에? 아이템 가격이 올라간다는 건 확실치 않은 거 아닌가요? 반대로 내려갈 수도 있는데요.

휴, 선생님 말씀이 맞아요. 저도 친구의 말에 혹해서 빌려줬는데 아이템 가격이 오히려 내려가잖아요.ㅠㅠ

불확실한 일에 돈을 걸고 이익을 바라는 건 도박에 가까워요. 그래서 돈은 돌려받았나요?

친구에게 돈을 갚으라고 하니까 아이템 가격이 오를 때까지 기다리래요. 아니면 지금 아이템 가격으로 돌려주겠대요.

빌려준 돈은 반드시 원금 그대로 받으세요. 만약 돌려주지 않는다면 학교폭력에 해당하므로 절차에 따라 원금을 돌려받을 수 있어요.

한 번 더 생각해요

어떤 경우라도 돈을 불려 준다는 말에 혹해 선뜻 돈을 빌려주어선 안 됩니다. 게다가 돈을 벌 생각으로 게임 아이템을 사는 행위는 올바르지 않아요. 모든 물건에는 누구나 인정하는 물건값이 있습니다. 그 값보다 더 비싸게 팔아서 큰돈을 벌려는 잘못된 한탕주의를 '사행성'이라고 해요. 허가되지 않은 사행성 아이템으로 돈을 불리는 건 옳지 않은 행동이에요. 그 이익을 바라고 돈을 빌려주어서도 안 되겠지요.

이런 것도
학교폭력
일까요?
> 갈취

링크 하나 잘못 눌러서…….ㅠㅠ

선생님! 도와주세요!
아무래도 저 돈을 빼앗긴 것 같아요!

확실히 얼마를 빼앗긴 게 아니라,
'아무래도 빼앗긴 것 같다'라고요?
대체 무슨 일이기에 그러는 거죠?

친구가 문자로 무슨 링크를 보냈어요.
클릭해도 괜찮다고 안전한 거라 하더라고요.

재미있는 영상 같은 걸
공유한 걸까요?

저도 그런 줄 알았는데 아니었어요. ㅠㅠ
클릭하니까 갑자기 화면이 바뀌면서
'요금이 결제되었습니다.'라고 뜨는 거예요!

세상에, 그래서 빼앗긴 것 같다고 한 거군요!
대체 무슨 링크였기에 결제가 된 거죠?

알고 보니 친구가 스마트폰 게임을 하다가 아이템을 구매하는 링크를 보낸 거였어요. 저 어쩌죠, 돈을 돌려받을 수 있을까요?

미성년자의 거래에는 보호자의 동의가 필요해요. 부모님께 말씀드리고, 앱 관리자에게 문의해서 결제 취소를 요청하면 됩니다.
가장 중요한 건 모르는 링크를 함부로 클릭하지 않는 거예요. 앞으로는 클릭하기 전에 어떤 링크인지 구체적으로 확인하는 습관을 들이세요.

한 번 더 생각해요

미성년자가 보호자의 동의 없이 구입한 물건은 법률에 따라 계약을 취소할 수 있어요. 혹시라도 원치 않는 결제를 했다면 부모님께 말씀드리고 도움을 요청하세요.

링크를 받았다면 섣불리 클릭하지 말고 어떤 링크인지 꼭 확인하세요. 발신자를 알 수 없는 사람이 보낸 거라면 무시하고 삭제하는 게 좋습니다. 큰돈을 준다거나 탐나는 상품에 당첨되었다는 메시지, 혹은 나의 정보가 유출되었다는 경고성 메시지도 불법 스팸일 수 있어요. 불법 스팸은 한국인터넷진흥원(spam.kisa.or.kr, e콜센터 118)에 신고하도록 하세요.

내 물건을 함부로 쓰는 친구

"우와! 지난번에 올린 영상, 조회 수가 벌써 이렇게 올랐네!"

서연이는 기뻐서 소리를 지릅니다. 지난주에 '초등학생의 일상'이라는 제목으로 영상을 올렸는데, 많은 사람들이 '좋아요'를 눌러 주고 댓글을 단 걸 보니 신기합니다.

"좋아, 이번에는 '왓츠 인 마이 백(What's in my bag)' 찍어야지."

서연이는 가방 속을 보여 주는 영상을 촬영하기로 합니다. 마침 서연이에게는 희귀한 캐릭터 띠부띠부 스티커가 있거든요. 빵을 30개나 먹고 나서야 겨우 얻은 소중한 스티커입니다. 여러 가지 물건들을 소개하다가 마지막에 이 스티커를 '짠' 하고 보여 주면 딱 좋을 것 같아요.

서연이는 촬영 버튼을 누르고 카메라 앞에서 가방을 열어 초콜릿, 음료수, 삼단 우산을 꺼내 하나하나 설명합니다. 드디어 마지막 띠부띠부 스티커 차례가 되었어요.

"짠! 여러분 이거 보이시나요? 엄청 희귀한 캐릭터예요!"

서연이는 신이 나서 즐겁게 이야기했습니다. 영상을 올리자마자 조회 수가 쑥쑥 오르고 댓글이 달렸어요. 대부분은 띠부띠부 스티커가 신기하고 부럽다는 반응이었습니다. 서연이는 어깨를 으쓱하고 다짐했어요.

"역시 이 스티커는 내 보물이야! 다이어리 속에 고이 간직해야지."

다음 날, 옆 반의 지빈이가 찾아와 말을 겁니다.
"나 어제 네 영상 봤어. 캐릭터 스티커 대박이더라! 나도 보여 주라!"
"응? 그건 나도 아끼는 거라 집에 두고 다녀. 다음에 보여 줄게."
평소에 친하지도 않던 지빈이가 부탁하니, 왠지 내키지 않습니다.

"치, 너희 집으로 놀러 가면 되잖아. 자랑은 실컷 하면서 보여 주지도 않냐?"

지빈이는 막무가내로 재촉하고 조릅니다. 하는 수 없이 서연이는 고개를 끄덕입니다.

그날 오후, 지빈이를 집으로 초대한 서연이는 다이어리 속에 소중하게 보관 중인 띠부띠부 스티커를 조심스레 꺼내 보여 줍니다. 그런데 지빈이가 냉큼 스티커를 가져가더니, 뚝 떼서 자기 손에 붙이는 거예요!

"지빈아, 지금 뭐 하는 거야?"

서연이는 깜짝 놀랍니다. 너무 소중해 떼어 본 적도 없는 스티커인데, 지빈이는 아랑곳하지 않고 조심성 없이 다룹니다.

"잠시만, 나 이렇게 하고 사진 한 장만 찍을게."

태연하게 대꾸한 지빈이가 스티커를 붙인 손을 찰칵, 찍습니다.

"오른손에 붙였으니까, 왼손에도 붙여 봐야겠다."

서연이는 안절부절못하다가 조그만 목소리로 말합니다.

"지빈아, 너무 함부로 쓰지 마……."

"뭐야, 친구끼리 쪼잔하게! 내가 좀 붙인다고 닳니?"

지빈이는 마음 상했다는 듯, 오히려 톡 쏘아붙입니다.

"자~, 이제 끝! 구경 잘 했어, 서연아."

지빈이는 한참을 만지작거리던 스티커를 건네줍니다. 이미 구겨져 너덜너덜한 스티커를 본 서연이는 속상한 마음에 눈물이 고였어요.

이런 마음으로 그랬어요! 🌷 🌷 🌷

띠부띠부 스티커 몇 번 뗐다 붙인다고 망가지거나 없어지지 않아요. 조금 구겨지긴 했지만, 그렇다고 찢어진 것도 아닌데요, 뭐. 서연이가 너무 예민한 거예요.

 **변호사 쌤이 알려 주는 경계선 지키기**

'화장실 갈 때 마음과 올 때 마음이 다르다'라는 속담이 있어요. 필요할 때는 간절하지만, 막상 손에 들어오거나 다 쓰고 나면 간절한 마음이 사라진다는 뜻이에요. 물건을 빌릴 때도 그렇답니다. 빌려 간 친구는 일단 손에 들어온 물건에 크게 감흥이 없어지지만, 빌려준 친구는 깨끗하게 돌려받기만을 기다리지요. 그러니 빌린 물건은 조심스레 사용하고, 다 쓰면 바로 돌려주는 것이 좋아요.

다른 친구의 **물건을 가져가서 돌려주지 않거나, 물건을 망가뜨려 못 쓰게 만드는** 행동은 **금전적인 피해를 주기 때문에 학교폭력**으로 봅니다. 지빈이가 서연이의 스티커를 함부로 써서 망가뜨린 것도 이런 식으로 보면 괴롭힘이라 할 수 있어요. 친구가 소중하게 여기는 물건이라면 조심스럽게 다루어야 해요. 또, 빌려준 사람도 자기 물건에 대한 책임을 다해야 합니다. 내 물건을 누가 가져가거나 함부로 다루지 않게 관리하는 것도 내 책임이랍니다.

내 물건을 돌려주지 않거나 망가뜨린다면

빌려준다는 건, 잠시 내 물건을 쓰도록 허락해 주는 거예요. 물건의 주인인 나는 언제든 돌려달라 할 수 있습니다. 충분한 시간이 지났는데도 빌려 간 물건을 돌려주지 않는다면 "저번에 나한테 빌려 간 거, 기억 나지? 나도 써야 하니 이제 돌려줘."라고 말하세요. 친구는 잠깐 빌린 걸 잊었거나, 누구한테 빌렸는지 몰라서 못 돌려줬을지도 모릅니다. 그러니 어떤 물건을 언제 빌려주었는지 확실히 말하고 돌려달라 하세요.

가끔 빌려 간 물건을 망가뜨리는 친구도 있어요. 지저분하게 낙서하거나 고장 낸다면 그냥 참고 넘어가서는 안 돼요. 친구의 잘못된 행동으로 내가 피해를 보았다는 걸 알려야 다음번에 그런 일이 다시 일어나지 않을 테니까요. "일부러 그런 거 아니니까 이번엔 넘어갈게. 앞으로는 내 물건 함부로 쓰지 마."라는 한마디로 충분합니다.

만약 일부러 망가뜨렸다면 그때부터는 괴롭힘에 해당하니 어른들께 알리도록 하세요. 꼭 내가 쓰는 학용품이 아니더라도, 의도적으로 내 옷에 흙탕물을 묻힌다거나 학급에 전시한 내 그림을 찢는 것도 학교폭력이랍니다.

> **나를 지키는 한마디**
>
> "물건을 다 썼으면 곧바로 나한테 돌려줘. 나도 계속 써야 하니 함부로 사용하지 마."

> 이런 것도 학교폭력 일까요?
> 물품 피해

눈에는 눈, 이에는 이, 물통에는 물통!

선생님도 물통이 있나요?
저는 있어요! 그것도 아주 특별한 거요!
뚜껑을 열면 빨대가 톡 튀어나와서
쓰기 편하고 예뻐요. ㅎㅎㅎ

선생님도 늘 물병을 가지고 다녀요.
귀엽고 편리한 물통이라니 부럽네요~!

이제 더는 편리하지 않아요. ㅠㅠ
한 친구가 제 물통을 빌려 가더니
망가뜨리는 바람에
빨대가 튀어나오지 않거든요.

저런, 고장이 나 버렸군요.
속이 많이 상하겠어요.

친구가 미안하다고 몇 번이나 말하긴 했지만
아직도 분이 풀리지 않아요!

혹시 사과가 아니라 적절한 보상을 받고 싶은 건가요?

친구가 제 물통을 망가뜨렸으니까, 저도 똑같이 친구 물통을 떨어뜨려서 망가뜨릴 거예요!

망가진 물통은 다음에 친구에게 새로운 물통으로 사 달라고 하거나 물건값에 해당하는 돈을 받으면 돼요. 아끼던 물건이 망가져서 속상하겠지만, 똑같이 폭력을 쓰는 사람이 되지는 마세요.

한 번 더 생각해요

내가 피해를 봤다고 상대방에게 똑같이 나쁜 행동을 해서는 안 돼요. 그러면 나도 가해자가 되는 거예요. 만약 친구는 실수로 망가뜨린 건데, 내가 맞대응하면서 일부러 망가뜨리면 문제가 더 커진답니다.

> 이런 것도 학교폭력 일까요?
> 물품 피해

학급을 떠돌다 사라진 내 가위

저는 독특한 핑킹가위를 가지고 있어요.
레이스 모양으로 잘리는 예쁜 가위예요.

핑킹가위도 종류가 다양하군요?
선생님도 한번 보고 싶네요. ^^

지금은 보여 드릴 수 없어요. ㅠㅠ
미술 시간에 친구가 빌려 갔거든요?
그런데 나중에 달라니까 없다는 거예요!

빌려 갔는데 왜 없다고 할까요?
잃어버린 건가요?

그 친구가 제 허락도 없이
다른 친구에게 핑킹가위를 빌려줬대요.
그 아이는 또 다른 아이에게 빌려줬고요. ㅠㅠ
그렇게 가위가 교실을 돌다가 사라졌어요.

자기 물건도 아닌데 빌려줬다고요?
친구가 정말 너무했네요.

 제 말이요!
그런데 친구는 자기는 잃어버린 적이 없으니
자기 탓이 아니래요.
자기한테 빌려 간 다른 친구에게
알아서 받으라며 저한테 책임을 떠넘기잖아요!

자기가 주인인 것처럼
빌려준 친구의 잘못이 커요.
처음 물건을 빌린 친구가
잃어버린 물건에 대한 책임을 져야 합니다.

한 번 더 생각해요

빌려준다고 해서 물건의 주인이 바뀌는 건 아니에요. 마치 자기가 주인인 것처럼 내 물건을 빌려줬다면, 그건 친구의 잘못이랍니다. 친구에게 미안하다는 사과를 받고 함께 물건을 찾으러 다니세요. 그리고 앞으로 소중한 물건을 빌려줄 때는 바로 사용하고 돌려달라 하세요. 그래야 내 물건을 잘 지킬 수 있답니다.

"화가 나는데 부끄럽기도 하고, 어쩌죠?"

성과 관련된 폭력은 부끄러운 일이라는 인식 때문인지 드러내서 말하기 힘들어하는 경우가 많아요. 하지만 피해자에게는 아무 잘못이 없습니다. 성추행과 성폭력을 한 사람이 잘못한 것이니 안심하고 어른들에게 도움을 요청하세요. 여기서는 성적 괴롭힘, 성추행과 성폭력, 그리고 디지털 성폭력에 대해 알아볼게요.

3장.
숨기지 말고 용기 내 말해요
성폭력

답답하고 부끄러운 속옷, 싫어요!

 예주는 얼마 전 엄마에게 특별한 선물을 받았어요. 바로 브래지어예요. 요즘 부쩍 자랐다며 엄마가 챙겨 주셨답니다. 오늘은 새 브래지어를 하고 학교에 가기로 한 날입니다. 달칵, 브래지어의 고리를 채우니 가슴이 조이고 답답합니다.
 "처음이라 답답할 수도 있어. 집에 올 때까지만 참아 보자."
 엄마의 당부에 고개를 끄덕입니다.

 "자, 이번에는 누가 발표해 볼까?"
 수업 시간, 선생님의 질문에 예주가 얼른 손을 듭니다. 그런데 오늘따라 소매 통이 넓은 옷을 입어 겨드랑이까지 훤하게 드러났어요.
 '아, 이런! 혹시 누가 보면 어떡해!'
 예주는 소매 사이로 브래지어가 보일까 봐 얼른 손을 내립니다. 그런 예주를 뒷자리에 앉은 힘찬이가 유심히 바라봅니다.

    체육 시간이 되었습니다. 선생님이 가볍게 운동장을 한 바퀴만 뛰자고 했는데, 절반도 오기 전에 예주의 숨이 벅차오릅니다.

  '원래 달리기 잘하는데, 브래지어 때문인지 잘 못 뛰겠어.'

  "예주야, 너 괜찮아?"

  다인이가 걱정스러운 얼굴로 다가옵니다.

  "응. 괜찮아. 사실 오늘 처음 브래지어를 했는데 불편해서 그래."

  예주는 다인이에게 귓속말로 소곤소곤 속삭입니다. 그런데 도중에 다인이 곁에 있던 힘찬이와 눈이 마주쳤어요. 오늘따라 예주 주변에 힘찬이가 자주 보이는 것 같아요. 예주는 힘찬이가 브래지어 이야기를 들은 게 아닌지 슬슬 걱정됩니다.

오늘의 수업은 피구 경기입니다. 예주는 반에서 피구를 제일 잘합니다. 예주가 공으로 상대편 아이들을 우르르 아웃시키자 친구들은 "역시 갓 예주! 우리 반 에이스!"라고 치켜세우며 응원해 줍니다. 예주도 어깨가 으쓱 올라갑니다. 운동장을 이리 뛰고 저리 뛰는 사이, 얼굴에 땀이 주르륵 흐릅니다.

"어휴, 더워."

예주는 젖은 이마를 손등으로 닦습니다. 그때 등 뒤에 있던 호진이가 물었어요.

"어? 너, 등에 있는 줄, 뭐야?"

예주의 등이 땀으로 흠뻑 젖어서, 체육복이 달라붙어 버린 겁니다.

"뭐가? 아무것도 아니야."

예주가 둘러대는 와중에, 갑자기 힘찬이가 큰 소리로 외칩니다.

"예주 등에 있는 저거, 브래지어야! 예주 브래지어 한대!"

"뭐? 브래지어는 어른들이 하는 거 아니야?"

"예주야, 너 브래지어 해?"

친구들이 웅성웅성 떠들며 예주의 가슴을 힐끔 쳐다봅니다.

"아니야! 아니라고!"

예주는 부끄러운 마음에 고개를 흔들며 가슴을 가립니다. 브래지어를 한 건 맞지만, 모두가 있는 앞에서 이야기하기는 싫습니다.

'친구들은 아직 아무도 안 하는데, 왜 나만 브래지어를 해야 해? 정말 너무 싫어!'

예주는 고개를 푹 숙이고 주저앉았어요.

이런 마음으로 그랬어요! 🌷 🌷 🌷

브래지어는 엄마랑 누나만 하는 건 줄 알았는데, 제 또래가 하고 있으니까 신기해서 말한 거예요. 성교육 시간에 브래지어 하는 건 창피한 일이 아니라고 배웠는데, 부끄럽다고 거짓말하는 예주가 이상한 거 아니에요?

변호사 쌤이 알려 주는 경계선 지키기

우리는 각자 남자와 여자로서의 특징이 있어요. 그것을 성(性)이라고 한답니다. 성은 부끄러운 것이 아닙니다. 그렇다고 공개된 장소에서 큰 소리로 말해도 된다는 건 아니에요. 누구에게나 개인적이고 내밀한 부분이니 때와 장소를 가려서 이야기해야 합니다. 가장 중요한 건 절대 다른 친구의 영역을 침범해서는 안 된다는 거예요. 친구가 부끄러움이나 불쾌감을 느낄 만한 말이나 행동은 괴롭힘일 뿐입니다.

'**성적 괴롭힘**'은 **남녀의 신체적 특징과 관련된 행동이나 말 등으로 다른 사람에게 성적인 불쾌감과 피해를 주는 행위**를 말해요. 여자아이들의 가슴 발육이나 월경, 남자아이들의 수염이나 변성기처럼 2차 성징으로 달라지는 부분을 놀리는 행동이 여기에 속합니다. 예주가 브래지어를 했다고 친구들이 다 듣도록 말한 힘찬이는 어떨까요? 놀리려고 한 이야기가 아니라 하더라도 잘못된 행동이겠죠. 예주가 밝히고 싶지 않은 일을 공개적으로 떠벌린 거니까요.

늦든 빠르든 성장 과정을 거치며 언젠가는 모두가 겪는 일이니 놀릴 이유가 없답니다.

몸의 변화 때문에 놀림당한다면

우리 몸의 변화는 우리만 알 수 있는 비밀스러운 일이에요. 그걸 보고 누군가가 "가슴이 커졌네.", "너 겨드랑이에 털났어. 징그러워!"라고 하면 순간 부끄럽기도 하고, 화가 나기도 하고, 기분이 나쁘기도 해요.

이런 감정은 당연한 거예요. 타인의 내밀한 신체적 변화를 관찰하거나 평가하는 말을 하는 건 예의 없는 행동입니다. 만약 친구의 말이나 행동 때문에 불편하거나 화가 난다면 그 즉시 내 감정을 말하세요. 아닌 척하거나 숨길 필요 없이 "내 몸에 대해 함부로 말하지 마."라고 당당하게 말하면 됩니다. 부끄러움은 예의 없이 모두의 앞에서 성적인 이야기를 꺼낸 친구의 몫입니다.

예전에는 피해자의 감정을 '성적 수치심'이라고 표현했어요. 하지만 2022년 법무부는 성적 수치심 대신 '성적 불쾌감'이라는 표현을 쓰겠다고 밝혔습니다. 법원에서도 피해자가 부끄러워할 필요가 없다고 인정한 거예요.

나를 지키는 한마디

"내 몸에 대해 말하는 건 불쾌해. 함부로 말하지 마."

> 이런 것도 학교폭력 일까요?
> 성적 괴롭힘

야한 낙서를 하고 그게 저라면서 놀려요.

저는 성장 속도가 좀 빠른 편이에요. 우리 반에서 저만 목소리가 낮고 입술 주변도 거뭇거뭇해요.

조금 일찍 어른이 되어 가고 있군요?

사실…… 이건 비밀인데요, 벌써 성기 주변에도 털이 났어요.;;

2차 성징은 누구나 겪는 일이니 부끄러워할 것 없답니다.

우리 반 친구들은 아닌가 봐요. 화장실에서 제 아래를 흘끗 보더니 "어! 야 좀 봐! 고추에 털 났어!" 라고 큰 소리로 놀렸단 말이에요. ㅠㅠ

저런, 친구들이 너무했네요.
성장하면서 몸이 변하는 건
자연스러운 일인데요.

 문제는 다음 날이었어요!
강당 칠판에 크고 털이 숭숭 난 바나나 그림이랑
제 이름이 적혀 있잖아요!
다들 "이거 쟤야?"라면서 수군거렸어요. ㅠㅠ

==음란한 낙서를 그려서 내게
모욕감을 주는 건 학교폭력이에요.==
낙서가 지워지기 전에 사진을 찍고
바로 선생님께 말씀드리세요.

한 번 더 생각해요

몸이 자라는 건 자연스러운 일이랍니다. 누구나 겪는 변화예요. 그걸 놀림감 삼아 낙서하는 게 잘못된 행동입니다. 놀린 친구에게 "불쾌하니까 내 몸을 보고 놀리지 마. 이건 성적 괴롭힘이야."라고 용기 내서 말하세요. 그리고 정도가 심하다면 부모님이나 선생님께 도움을 요청하세요.

이런 것도 학교폭력일까요?
> 성적 괴롭힘

뽀뽀했냐고 물어보면 안 되나요?

선생님, 완전 대박 사건이에요!
친구에게 드디어 남자친구가 생겼어요.
좋아하는 아이에게 용기 내어 고백했대요!

와우, 용기가 대단한데요?
박수 쳐 주고 싶네요. ㅎㅎㅎ

어제가 첫 데이트였대요!
영화관도 함께 갔고, 마라탕도 먹었다고
자랑을 엄청나게 하더라고요.

얼마나 즐거웠으면 그렇게
한참을 자랑할까요. ㅎㅎㅎ

그런데 제가 실수한 거 같아요.
둘이 꽁냥꽁냥 사이가 너무 좋아 보여서
"벌써 뽀뽀도 했어?" 라고 물어봤거든요.
친구가 갑자기 입을 다물더라고요.

> 네에? 그런 건 함부로 물어서는 안 되는 사생활이에요. 친구가 무척 당황했겠어요.

> 그게……. 인터넷 방송을 보면 "애인이랑 어때?", "어디까지 갔어?" 이런 말들을 쉽게 묻기에 저도 물어봐도 되는 줄 알았어요. ㅠㅠ

> 인터넷 매체 중에는 일부러 자극적인 이야기를 하는 사람이 많으니 섣불리 따라 해서는 안 돼요. **아무리 친해도 사생활을 캐묻는 건 실례랍니다.**

한 번 더 생각해요

친한 친구라도 친구의 사생활, 특히 사귀는 친구에 대해 캐물어서는 안 돼요. 그건 둘만의 개인적인 일이에요. 전혀 관련 없는 내가 이런저런 것을 묻는 건 실례입니다. 계속해서 사생활을 묻는 것 또한 성적 괴롭힘에 해당하기 때문에 학교폭력이라 볼 수 있어요.

이런 것도
학교폭력
일까요?
> 성적 괴롭힘

여자애가 회장이라니!

"암탉이 울면 집안이 망한다!"

네? 갑자기 그게 무슨 말이죠?
선생님도 여자인데, 불쾌하네요.

죄송해요! 제가 한 말이 아니에요!
우리 할아버지 말씀이에요.
제 여동생한테 늘 이렇게 말씀하시거든요.
"여자애는 함부로 나서는 거 아니다!"

할아버님께는 죄송하지만,
그건 너무나 잘못된 이야기예요.
설마 다른 사람에게 말한 건 아니겠죠?

사실 그것 때문에 큰일이 났어요.;;
오늘 학급 회장 선거를 했는데
여자아이가 당선됐거든요.
저도 모르게 할아버지 말씀이 튀어나오더라고요.

할아버지 말씀이요?
설마 '암탉' 이야기를 한 건가요?

네……. ㅠㅠ 저도 모르게 이렇게 말했어요.
"어, 회장으로 여자 뽑으면 안 되는데.
암탉이 울면 우리 반 망하는데."
그랬더니 걔가 엄청나게 화를 내더니
이런 말은 학교폭력이라고, 조심하라잖아요.

성별을 이유로 굴욕감을 주는 행동도
학교폭력이 될 수 있어요.
'남자라서 그래', '여자라서 그래' 같은
고정관념에서 얼른 벗어나길 바랄게요.

한 번 더 생각해요

이성 친구에게 성과 관련된 고정관념을 드러내며 성적인 굴욕감이나 혐오감을 주는 행동도 학교폭력이 될 수 있어요. "여자니까 운동을 못 해.", "남자라서 섬세하지 못해."라는 식의 고정관념에 사로잡힌 말은 하지 않기로 해요.

데이트는 좋지만 그 이상은 부담스러워요

유리에게 오늘은 특별한 날이에요. 말로만 듣던 남자 친구가 생길지도 모르는 날이거든요. 단짝 친구가 중학생 오빠를 소개해 줄 테니 잘해 보라고 당부했답니다. 유리는 아껴 두었던 치마를 입고 거울 속 모습을 확인합니다.

"중학생 남자 친구라니, 조금 부끄러워……."

유리의 뺨이 발그레하게 물듭니다.

약속 장소에 도착하자 누군가 유리를 보고 손을 흔들었어요.

"안녕? 네가 유리구나. 나는 성하야. 사진보다 훨씬 예쁘네."

'우와. 생각보다 더 잘생겼잖아!'

유리는 설레는 마음을 가라앉히려고 애씁니다. 영화관에 간 두 사람은 나란히 앉았어요. 성하가 어둠을 틈타 유리의 손을 슬쩍 잡습니다. 유리가 힐끗 바라보자 성하는 쑥스러운 듯 살짝 웃습니다. 유리는 손을

뿌리치지 않고 그대로 꼬옥 맞잡았어요. 연인처럼 손을 잡고 있으니 마치 어른이 된 것 같은 기분이에요.

'정말 완벽한 하루야. 좀 더 오래 함께 있고 싶어.'

유리의 마음을 읽었는지, 영화관을 나오자마자 성하가 묻습니다.

"유리야, 우리 공원에서 조금 더 놀다 갈래?"

유리는 수줍게 고개를 끄덕입니다. 성하와 유리는 집 근처 공원 벤치에 앉았어요. 벌써 저녁이라 다니는 사람이 적고 한적합니다. 주위가 조용해지니 유리는 왠지 곁에 있는 성하가 더 의식되기 시작했어요. 살짝 긴장한 그때, 마침 성하가 말을 겁니다.

"우리 간지럽히기 놀이 할까?"

"간지럽히기 놀이요? 좋아요."

어색한 분위기에 숨이 막힐 것 같아서, 유리는 깊이 생각하지 않고 성하의 제안을 받아들입니다.

"좋아. 그럼, 가위바위보!"

유리가 졌습니다. 성하는 약속한 대로 유리의 겨드랑이를 옷 위로 살그머니 간지럽힙니다.

"아하하, 간지러워요!"

"네가 졌잖아. 어쩔 수 없어."

"다음번에는 내가 이길 거예요!"

"자, 그럼 또 하자. 가위바위보!"

이번에도 유리가 졌습니다. 성하는 유리를 다시 한번 간지럽힙니다. 그런데 이번에는 성하의 손이 옷 안으로 불쑥 들어옵니다.

'어? 너무 안쪽까지 들어오는 거 같은데?'

처음에는 겨드랑이만 간지럽히던 성하의 손이, 슬쩍 가슴 근처까지 들어옵니다. 당황한 유리가 성하를 바라보았지만, 성하는 그저 웃기만 합니다.

"오빠, 이런 건 좀……. 안 만지면 안 될까요?"

용기를 내서 말하자 성하가 부루퉁한 목소리로 대꾸합니다.

"왜? 네가 져서 그런 거잖아!"

유리는 생떼를 쓰는 성하가 무서워집니다.

'아무리 오빠가 좋아도 내 몸을 함부로 만지는 건 싫어. 싫은 걸 싫다고 말하는 게 잘못일까? 화를 내니까 더는 말을 못 하겠어.'

유리는 우물쭈물 말을 삼키고 맙니다.

이런 마음으로 그랬어요! 🌷 🌷 🌷

사귀는 사이에 스킨십이 있는 건 당연한 거잖아요. 간지럽히기 놀이는 유리도 같이 하자고 해서 한 거고, 싫다는 말도 안 했어요. 그럼 괜찮은 거 아닌가요?

변호사 쌤이 알려 주는 경계선 지키기

우리 몸 중에서도 특히 조심스러운 부분이 있어요. 속옷에 가려지는 성기와 엉덩이, 그리고 가슴이나 겨드랑이 같은 곳은 다른 곳보다 민감한 부분이에요. 어른이 되면 사랑하는 사람에게 나의 내밀한 부분을 허용할 수 있습니다. 대신 '이 사람은 믿을 수 있는 사람이고, 나는 나 자신을 지킬 수 있어.'라는 결심이 있어야 해요. 그러려면 내밀한 부분을 허용했을 때 무슨 일이 일어나는지, 그게 좋은지 싫은지 판단할 수 있어야 합니다.

원하는 사람과 원하는 때에 성적인 행동을 할 권리를 '성적 자기결정권'이라고 해요. 그 누구도 우리에게 성관계나 성적인 행동을 강요할 수 없습니다. 허락 없이 몸을 만져서도 안 돼요. 옷 안에 손을 넣거나, 옷 위로 몸을 더듬는 것도 성폭력에 해당합니다.

사귀는 사이더라도 상대방이 싫어한다면 행동을 멈춰야 해요. **억지로 몸을 만지는 건 성적 자기결정권을 침해하는 '성추행'**이에요. 직접 말로 "싫어.", "하지 마."라는 말을 하지 않더라도 **불편해하는 행동을 보이면 그만해야 합니다. 불편해하는데도 상대방의 몸을 만지는 것 또한 학교폭력**이니까요. 앞의 이야기에서 유리는 확실하게 "싫어요!"라는 말 대신 "이런 건 좀……."이라며 불편한 낌새를 내비쳤는데요. 이렇게 간접적으로 드러내는 것 또한 엄연한 의사 표현이니 그 즉시 행동을 멈춰야 합니다.

내 몸을 허락 없이 만진다면

누가 내 몸을 만지는 게 싫다면 "하지 마! 난 이런 거 싫어!"라고 용감하게 말하세요. 말로 표현하기 어렵다면 인상을 찌푸리거나 고개를 젓거나 상대를 밀어내도 됩니다.

사귀는 사람도 마찬가지예요. 상대방은 "우리는 사귀는 사이니까 이 정도는 괜찮잖아."라고 할 수 있어요. 하지만 싫을 때는 싫다고 말해야 합니다. 그리고 재빨리 그 장소를 벗어나 어른들에게 도움을 요청하세요.

사귀는 건 좋지만 스킨십이나 성적인 행동은 싫다면 상대에게 솔직하게 말하세요. "나는 너랑 계속 사귀고 싶지만, 이런 행동은 싫어. 내가 괜찮다고 하기 전까지는 안 했으면 좋겠어." 하고요. 좋은 연인이라면 당연히 존중해 줄 거예요.

가끔은 분위기에 휩쓸려 얼떨결에 동의해 버릴 때도 있어요. 하지만 이때도 몸을 만지게 한 것이 나의 진심이 아니라면 나중에라도 꼭 부모님과 선생님께 알리세요. 13세 미만 미성년자는 피해자의 동의가 있더라도 정신적 성숙도에 따라 성폭력으로 인정받을 수 있습니다.

나를 지키는 한마디

"내 몸을 함부로 만지는 건 싫어. 하지 마!"

이런 것도 학교폭력일까요?

> 성추행과 성폭행

내가 너무 유난스럽게 구는 걸까요?

제가 겪은 일이 학교폭력인지 아닌지 잘 모르겠어요. 괜히 오버하는 건 아닌지 걱정도 되고요.

다른 사람이 보기에는 대수롭지 않아 보여도 내가 성적으로 불쾌했다면 문제가 될 수 있어요. 무슨 일인지 차근차근 털어놓아 보세요.

지훈이라는 남자아이랑 같은 학원에 다니거든요. 어제 제가 학원 차 뒷자리에 앉아 있었는데 지훈이가 제 옆에 와서 앉더니 슬쩍 제 손을 잡아서 자기 허벅지 위에 올려놓더라고요!

허벅지에 손을요? 깜짝 놀랐겠어요! 혹시 둘이 친한 관계이고, 그래도 괜찮다고 합의한 상황인가요?

아니요. 걔랑은 그다지 친하지도 않아요. 저한테 어떤 말도 없이 갑자기 손을 끌어다 놓은 거고요. 저는 너무 놀라서 한마디도 못 했어요.

갑작스러운 상황이면 누구나 당황할 수밖에 없어요. 자책할 필요 없답니다.

 너무 고민이 되어서 친구한테 상담하니까, 손을 세게 잡은 것도 아닌데 뭘 그러냐고 하더라고요. 제가 예민하게 구는 거래요!

예민한 게 아니라 나를 잘 지키는 거예요. 손을 세게 잡을 때만 성폭력이 되는 건 아닙니다. **약하게 잡았더라도 내가 동의하지 않았다면 성폭력이에요.**

한 번 더 생각해요

뿌리치기 어려울 정도로 강하게 내 몸을 만지는 건 당연히 성폭력이죠. 하지만 잡아끄는 힘이 약하다거나 부드럽게 파고들어 자연스러운 척하며 더듬으면 '이게 성폭력 맞나? 내가 싫다고 안 한 게 잘못 아닐까?' 하고 헷갈리는 친구들이 있어요. 다른 학교폭력과 마찬가지로 성폭력 또한 나의 의사가 중요합니다. 싫은데 억지로 만졌거나 거절하기 어려운 분위기에서 만졌다면 약한 힘이어도 성폭력이에요.

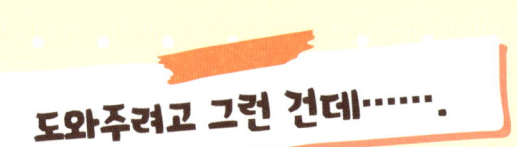

이런 것도
학교폭력
일까요?
> 성추행과
  성폭행

도와주려고 그런 건데······.

선생님, 일부러 그런 게 아닌데
성폭력이 될 수도 있나요?

으음? 무슨 일이 있었는지
자세히 들어 봐야 할 것 같은데요?

체육 시간에 피구를 했는데요,
자꾸만 경기가 격해지더라고요.

아슬아슬했겠어요.
다친 사람이 없어야 할 텐데요.

친하게 지내는 여자아이가 있는데,
공이 그쪽으로 날아가는 거예요!
혹시 다칠까 봐 제가 뒤에서
그 친구를 끌어당겨 안았어요.
저는 걔가 다칠까 봐 그런 건데
걔는 제가 함부로 자기를 안았다면서
저를 성추행범으로 몰고 있어요.

> 순간적으로 그런 건가요, 아니면 계속 안고 있었나요?

> 정말 잠깐이었고 바로 놔 줬어요. 제가 끌어당겨 안은 덕분에 공도 안 맞았고요. 그런데도 제가 정말 성추행을 한 건가요?

> 일부러 나쁜 마음을 품고 의도적으로 그런 게 아니라 **보호하려는 의도였고, 잠깐이었으니 학교폭력이 아니랍니다.**

한 번 더 생각해요

좁은 공간에 많은 사람이 모여 운동 경기를 하다가 순간적으로 일어난 일이라면, 학교폭력이 아니에요. 우리 법원은 자신의 행동이 상대방의 성적 자기 결정권을 침해하고 피해를 준다는 걸 알면서도 그런 행동을 할 때 학교폭력으로 인정해요(서울행정법원 2022. 1. 14. 선고 2020구합71895 판결). 내가 의도적으로 친구를 껴안은 게 아니라면 학교폭력에 해당하지 않아요.

이런 것도 학교폭력일까요?
> 성추행과 성폭행

그냥 놀이였는데 절교 선언을 당했어요.

엉덩이는 말랑말랑해서 때리기 좋아요!
친구들이랑 툭툭 치면서 놀면 재미있어요. ㅎㅎ

불쾌하게 느낄 친구도 많을 텐데요.
엉덩이는 내밀한 곳이라
함부로 손을 대서는 안 돼요.

다들 뭐라고 안 해서 괜찮은 줄 알았어요.
똑같이 제 엉덩이를 치면서
깔깔거리며 웃는 친구도 있었고요.
그런데 한 아이가 화를 내지 뭐예요.

저런, 기분 나쁘다고 한 친구가 있었군요.

네, 제 단짝 친구요.
엉덩이를 세게 친 적이 몇 번 있는데
그때마다 인상을 찌푸리더라고요.
친한 사이라는 의미로 장난한 건데……

그 친구의 생각은 달랐던 거군요.

갑자기 정색하면서 절교하재요. ㅠㅠ
"너 이거 성추행이야." 라면서요.

나는 장난이었어도 상대가
불쾌감을 느꼈다면 학교폭력입니다.
나뿐 아니라 친구도 웃으면서 즐길 때만
'장난'이라 할 수 있어요.
친구가 인상을 찌푸리며 싫다는 표현을 했는데도
계속 똑같은 행동을 한 건 분명한 잘못이에요.
앞으로는 친구가 싫은 내색을 한다면
그 행동은 하지 말도록 하세요.

한 번 더 생각해요

만약 친한 사이에 서로 엉덩이를 때렸고 양쪽 모두 불쾌감을 표현하지 않았다면 학교폭력이 아니겠지요. 하지만 나만 친구의 엉덩이를 때렸고 그 친구는 인상을 찌푸렸다면 그때부터는 선을 넘은 거예요. 특히 엉덩이나 가슴처럼 예민한 부분은 장난으로라도 만지거나 때려서는 안 된답니다.

나는 합성 사진의 그 사람이 아니에요!

보라는 친구들과 어울리는 걸 제일 좋아해요. 더운 여름, 가족끼리 워터파크에 놀러 가서도 마찬가지였답니다.

'친구들이랑 오면 정말 재밌겠다! 다음에 같이 오자고 해야지.'

그때 핸드폰을 든 아빠가 사진을 찍어 주겠다고 렌즈를 들이밀었어요.

"보라야, 멋지게 포즈 취해 봐! 아빠가 '인생네컷' 찍어 줄게."

볼을 찌르며 한 컷, 브이 포즈로 한 컷, 얼굴에 꽃받침을 하고 한 컷, 만세를 부르고 전신 포즈로 한 컷. 신이 난 보라는 아빠가 찍어 준 사진을 단체 채팅방에 올립니다. 보라의 사진을 본 친구들의 반응도 뜨거웠어요.

> 얘들아, 나 오늘 워터파크 왔어! 다음엔 우리 같이 오자!
>
> 와, 시원하겠다!
>
> 보라, 너만 가고! 다음엔 나도 같이 가!
>
> 오오~ 연보라, 완전 모델인데?

보라는 흐뭇해하면서 하나하나 답장을 남깁니다.

방학이 끝나고 학교에 간 첫날이었어요. 보라는 보고 싶었던 친구들에게 달려가서 반갑게 인사를 합니다. 그런데 교실 뒤에 모여 있던 남자아이들은 윤중이의 핸드폰에 열중하느라 보라에게 인사를 건네지 않아요. 궁금해진 보라가 남자아이들에게 다가가 묻습니다.

"얘들아, 안녕? 윤중아, 네 핸드폰으로 뭐 보고 있는 거야?"

"어, 어……. 보라야, 안녕? 별거 아니야."

보라가 다가가자 윤중이가 허둥지둥 핸드폰을 주머니에 넣습니다. 그런데 남자아이 중 몇 명이 보라를 보고 킥킥 웃는 거예요.

"……뭐야? 왜 웃어? 무슨 일 있어?"

"아니, 아니. 아무 일 없어. 그렇지 얘들아?

"맞아. 아무 일 없어."

킥킥 웃으면서 시치미를 뚝 떼는 아이들 사이에서 민재 혼자 굳은 얼굴로 보라를 바라봅니다. 보라가 다시 자기 자리로 돌아가려 하자, 민재가 조용히 따라와서 보라에게 말을 겁니다.

"연보라, 잠깐 나랑 얘기 좀 하자."

"무슨 얘기?"

민재는 보라에게만 들리게 목소리를 낮추어 조심스럽게 말합니다.

"윤중이가 네 사진을 여자 어른이 벗고 있는 사진에 합성했어. 아까 남자아이들끼리 그걸 보고 있었던 거야."

"……뭐? 어떻게 그럴 수가 있어!"

보라는 너무나 화가 나서 얼굴이 빨갛게 달아오릅니다. 보라의 사진인데 멋대로 야한 사진이랑 합성하다니요. 그리고 그 사진을 남자애들끼리 돌려보면서 무슨 생각을 하고 무슨 말을 했을지 상상하자 부끄럽고 불쾌합니다. 보라는 주먹을 불끈 쥐고 소리 지릅니다.

"또 누가 봤는데?! 너도 다 아는 사람들이야?"

"보라야, 잠깐만 진정해 봐. 나도 다는 모르니까……."

민재가 곤란한 듯 머리를 긁으며 말끝을 흐립니다. 대체 윤중이가 합성한 사진을 남자아이들 몇 명이 봤는지, 혹시 다른 반 아이들도 본 건 아닌지, 보라는 순간 눈앞이 아득해집니다.

이런 마음으로 그랬어요! 🌷 🌷 🌷

그냥 친한 애들끼리만 보려고 재미로 합성한 거예요. 민재가 고자질만 안 했으면 보라는 제가 그런 사진 만든 줄도 몰랐을걸요? 따지자면 처음부터 사진을 뿌린 보라 잘못 아니에요?

 **변호사 쌤이 알려 주는 경계선 지키기**

　사이버 세상에는 멋진 몸매를 자랑하는 어른들의 사진이 많죠. 가끔은 내가 좋아하는 친구도 어른이 되면 저렇게 멋지게 자랄까 상상하기도 해요. 그런데 상상하는 것에 그치지 않고 친구 사진을 야한 어른 사진과 합성하면 어떨까요? 몰래 친구 치마 속에 핸드폰 카메라를 넣고 사진을 찍는 건요? 당연히 안 되겠지요. 이런 행동을 '디지털 성폭력'이라고 한답니다.

　디지털 성폭력이란, 사이버 공간에서 **성범죄를 저지르는 것**을 말해요. 핸드폰 카메라로 친구의 신체 부위를 촬영하거나, 친구에게 특정 부위의 사진을 보내라고 말하는 것, 친구 사진을 야한 사진에 합성하는 것, 친구 사진을 SNS에 올려서 평가받게 하는 것, 친구에게 사이버상에서 음란한 농담이나 선정적인 사진을 보내는 것 모두 디지털 성폭력이랍니다.

　성장하면서 성적인 호기심이 생기는 건 당연한 일입니다. 가까이 있는 친구의 몸이 궁금해질 수 있어요. 하지만 그렇다고 해서 친구가 불쾌하게 느낄 만한 행동을 하는 건 용납되지 않아요. 내 몸과 마음이 소중하듯, 친구의 몸과 마음도 소중하니까요.

사이버 공간에 내 사진이 퍼진다면

친구가 나 몰래 내 사진을 찍거나, 내 사진을 야한 사진과 합성하거나, 음란한 메시지를 보낸다면 당장 부모님과 선생님께 알리세요. 그리고 아주 단호하게 "그건 디지털 성폭력이니까, 하지 마!"라고 강하게 말해야 합니다.

사이버 성폭력의 대상이 되면 당황스럽고 무서운 마음이 앞섭니다. 누가, 언제, 어디서 내 사진을 볼지 모르니까요. 이때 가장 중요한 것은 추가적인 피해를 막는 일이에요. 사이버 성폭력은 학교폭력이기도 하지만, 범죄이기도 해요. 사진이나 영상이 자꾸만 퍼진다면 방송통신위원회 등 정부 기관의 도움을 받아 데이터를 삭제할 수 있습니다.

또 하나, 꼭 기억해 두어야 할 것이 있어요. 어떤 일을 당하든 여러분의 잘못이 아니라는 거예요. "네가 짧은 치마를 입었으니 사진 찍힌 거지.", "네가 SNS에 사진을 올려서 그런 거잖아."라는 말에 움츠러들지 마세요. 여러분에게는 입고 싶은 옷을 입고 하고 싶은 말을 할 표현의 자유가 있어요. 당연히 동의 없이 몰래 퍼뜨린 가해자가 잘못한 거랍니다.

나를 지키는 한마디

"당장 멈춰! 이건 디지털 성폭력이고 범죄야!"

이런 것도 학교폭력일까요?
> 디지털 성폭력

제 팬티 얘기를 게시판에 올렸어요.

어제 등굣길에 뛰다가 넘어졌어요. ㅠㅠ

저런, 다친 데는 없고요?

다치진 않았는데 하필 치마를 입어서 넘어질 때 홀랑 뒤집혔어요. 너무 창피해요.

어쩔 수 없는 상황이었으니 부끄러워하지 마세요.

근데 넘어졌을 때 뒤에서 웃음소리가 들렸거든요. 돌아보니 우리 반 남자아이였어요.

넘어지는 모습을 보고 웃었다고요? 왜 그랬을까요?

"아무래도 제 속옷을 보고 웃은 거 같아서 혹시 봤냐고 물어보니 못 봤다고 했어요. 그래서 안심했는데 학교 인터넷 게시판에 이렇게 써 놓은 거예요! "5학년 3반 빨간 원피스 걔는 얼굴도 못생긴 게 팬티도 웃긴 거 입었더라.""

온라인에서 남의 외모나 옷차림에 대해 마치 평가하듯 이야기한 것도 성적 괴롭힘에 해당해요. 불쾌하다고 말하고 사과를 받으세요.

한 번 더 생각해요

당하는 사람이 불쾌감을 느낀다면, 외모에 대한 평가 또한 성적 괴롭힘에 해당합니다. 우리 법원은 당사자가 모르게 SNS 채팅방에서 한 음란한 대화를 성적 괴롭힘으로 보았어요. 당사자가 없더라도 피해자의 사회적 평가를 떨어뜨리고, 음란한 대화의 대상으로 본 것은 잘못이라고 판결했습니다(참고: 부산고등법원 2019. 8. 28. 선고 2019누10668 판결, 창원지방법원 2019. 4. 24. 선고 2018구합12528 판결).

이런 것도 학교폭력 일까요?
> 디지털 성폭력

영상 찍었다고 다 '도촬범'인가요?

어떡해요, 선생님!
제가 '도촬범'으로 몰렸어요. ㅠㅠ

네? 무슨 일인지 자세히 설명해 볼래요?

반 친구가 치마를 입고 스타킹을 신었더라고요.
어른들만 신는 줄 알았던 반투명 스타킹을요!
신기한 마음에 친구 다리를 핸드폰 영상으로 찍었어요.

친구에게 동영상을 찍겠다고 말했나요?
친구도 허락했고요?

그게 뭐가 중요해요?
치마 속을 찍은 것도 아닌데요!

당연히 중요하지요.
동의 없이 함부로 찍었다면
'불법 촬영'이니까요.

뭐, 허락을 받은 건 아니에요…….
그렇다고 제가 성추행을 한 것도 아닌데
절 보고 '도촬범'이라니 너무하잖아요!

아뇨, 신체의 일부를 찍힌 친구가
영상 때문에 성적 불쾌감을 느꼈다면
학교폭력으로 볼 수 있어요.
잘못을 인정하고 먼저 사과하도록 하세요.

(참고: 대법원 2020. 12. 24. 선고 2019도16258 판결)

한 번 더 생각해요

친구의 동의 없이 촬영하는 건 옳지 않아요. 치마 속을 찍거나, 은밀한 부분을 클로즈업해서 찍지 않았더라도 상대방이 성적 불쾌감을 느낄 만한 맥락이 있거나, 결과물이 성적 불쾌감을 주는 내용이라면 '불법 촬영'으로 학교폭력이 될 수 있습니다.

예전에는 다른 친구 모르게 촬영하는 걸 '몰래 카메라(몰카)'라고 했어요. 그런데 이런 말은 이벤트나 장난처럼 여겨질 수 있어서, 정부는 2017년부터 '몰카' 대신 '불법 촬영'이라는 용어를 사용하기로 했습니다. 불법 촬영은 장난이 아니라 범죄라는 사실을 잊지 마세요.

> 이런 것도 학교폭력 일까요?
> 디지털 성폭력

모르는 사람이 제 사진을 달라고 해요.

선생님도 모르는 사람에게 메시지를 받은 적이 있나요?

가끔 그럴 때도 있죠.
대부분은 스팸 메시지예요.
혹시 모르는 사람이 연락했나요?

어떤 남자 어른이 제 SNS에
"너 정말 예쁘다." 라고 댓글을 달더니 쪽지를 보냈어요.
"이렇게 예쁜 사람 처음 봤어." 라고요.

처음 보는 남자 어른이 갑자기요?
낯선 사람은 조심해야 해요!

예쁘다고 하니까 기분 좋아서 그만……ㅠㅠ
"고마워요." 라고 했더니 이상한 부탁을 했어요.
"가슴이 드러난 사진도 받을 수 있을까?" 라고요.

역시 이상한 사람이 맞았네요!

그땐 별거 아니라고 생각해서 예전에 찍어 둔 사진을 보냈어요. ㅠㅠ 그런데 그 이후로 자꾸만 더 야한 사진을 달래요. 안 그러면 부모님께 모두 이르겠다면서요!

일단 사진을 받고 그걸 미끼로 더 야한 사진을 달라고 협박하는 건 학교폭력이자 성폭력 범죄예요. 바로 경찰서에 신고하세요!

한 번 더 생각해요

차근차근 길들이듯 접근하는 디지털 성폭력을 '디지털 그루밍'이라고 해요. 친절하게 접근해서 안심하게 한 뒤에 점점 더 수위가 센 행동을 요구하는 게 특징입니다.

처음에 사진을 보낸 것 또한 여러분 잘못이 아니에요. 달콤한 말로 유인한 그 사람 잘못입니다. 만약 무언가 이상하다는 것을 깨달았거나 더 수위 높은 사진을 요구한다면 겁먹지 말고 단호하게 거절하세요. 그리고 이런 일이 있었다는 것을 부모님이나 선생님께 솔직하게 말하고 경찰에 신고하도록 합니다.

학교폭력은 법으로 금지된 행동이에요.
어려운 '학교폭력예방법'을 모두 확인할 필요는 없지만
법으로 정한 기준선만큼은 알아 두는 게 좋아요.
그래야 정말로 학교폭력이 일어났을 때
나도 지키고 친구도 지킬 수 있답니다.
법을 설명하는 내용이라 어려운 말이 종종 나오니
부모님과 함께 차근차근 읽어 보세요.

부록.

부모님과 함께 읽어요
학교폭력 법률 돋보기

신체적 폭력, 사진이나 글로 증거를 남겨요

법원이 정한 신체적 폭력의 범위

우리에게는 신체를 함부로 침해당하지 않을 권리가 있습니다. 그 누구도 우리의 몸을 해칠 수 없다는 뜻이에요. 흔히 **때리는 것만이 신체적 폭력이라고** 생각하지만, **때릴 것처럼 겁주는 것, 내 근처로 물건을 던지거나 내 물건을 함부로 때리는 행동도 신체적 폭력에 포함**됩니다. 또한 **겁먹을 만한 장소로 데려가서 못 빠져나가게 하는 감금과 유인도 학교폭력**에 해당해요. 직접적 폭력이 아닌 간접적 폭력까지 염두에 두었기에, 신체적 폭력의 범위는 생각보다 넓습니다.

학교에는 잘못 사용하면 위험한 물건이 많습니다. 필통에 있는 컴퍼스, 문구용 칼, 책걸상 같은 물건을 폭행 도구로 사용하면 크게 다칠 수 있어요. 그래서 **도구를 사용한 폭행은 더 무거운 처벌**을 받습니다.

또 하나, 주의할 점이 있어요. 상대방이 먼저 나를 때렸다고 해서, 상대와 똑같이 때리면 안 된다는 거예요. 그 상황에서 벗어나기 위해 뿌리치는 것은 괜찮지만, 화가 나서 같이 때린다면 그때부터는 쌍방 폭행이 됩니다. 나 또한 가해자가 될 수도 있다는 점을 명심하세요.

신체적 폭력에 적극적으로 대처하는 방법

객관적인 증거 남기기

다친 부위를 사진 찍고 병원으로 가서 진단서를 발급받아 피해 사실을 객관적인 증거로 남겨 두세요. 도구를 썼다면 어디를 어떻게, 어느 정도의 강도로 폭행했는지 꼭 기록해 둡니다.

CCTV 열람 요청하기

학교에 CCTV가 있다면 열람을 요청할 수 있어요. 만일 상대 학생의 개인 정보 때문에 CCTV 열람이 어렵다면, 선생님께 CCTV 확인 후 시시비비를 가려 달라고 부탁하세요.

감금과 유인당한 현장 사진 찍기

부모님과 함께 그 장소에 가서 상황을 재현하며 무슨 일이 있었는지 기록하는 게 좋습니다. 현장 사진을 찍어 두는 것도 도움이 돼요. 폭행당하거나 돈을 빼앗기는 등의 피해가 없었더라도 감금한 것만으로 무서웠다면 꼭 도움을 청하세요.

법원에서는 이렇게 판결했어요!

💡 신체 폭행

지형이는 여러 차례 남훈이를 때렸어요. 체육 시간에는 무릎을, 쉬는 시간에는 등을 여러 차례 때렸습니다. 심지어 양손으로 남훈이의 목덜미를 잡고 머리를 마구 흔들기도 했어요. 지형이는 친해서 친 장난이라 했지만, 법원은 피해 정도와 기간에 비추어, 단순한 장난이라 보기 어렵다며 학교폭력으로 인정했어요.

(유사 취지: 수원지방법원 2022. 4. 28. 선고 2021구합72902 판결)

관습적 폭행

동아리에 가입한 규민이는 동아리 전통이라는 이유로 선배들에게 맞았어요. 다음 해 후배들이 들어오자, 규민이도 선배들이 그랬던 것처럼 옷걸이로 때리고, 목을 조르고, 영상을 촬영했습니다. 법원은 예전에 있던 나쁜 관습을 그대로 따른 규민이의 행동을 학교폭력으로 인정했어요.

(유사 취지: 인천지방법원 2018. 10. 25. 선고 2018구합52185 판결)

교사자(부추긴 사람)

유나는 재희와 다툰 후, 한 학년 위 남자 선배에게 사건을 해결해 달라고 했어요. 그리고 선배가 재희를 때리는 걸 지켜봤습니다. 법원은 직접 때리지는 않았으나 유나 때문에 재희가 고통을 받았으므로 유나 또한 학교폭력 가해 학생이 맞다고 인정했어요.

(유사 취지: 서울행정법원 2019. 11. 22. 선고 2019구합63317 판결)

 동조자(한쪽 편을 드는 사람)

기현이와 영진이가 교문 앞에서 서로 말다툼했어요. 그런데 기현이 편을 들던 동욱이가 "CCTV가 있으니까 여기서 싸우면 안 돼."라면서 둘을 화장실로 데려갔고, 결국 영진이는 기현이에게 폭행을 당했어요. 법원은 동욱이의 행동이 기현이의 폭력을 쉽게 만들었다며, 학교폭력으로 인정했어요.

(유사 취지: 춘천지방법원 2020. 2. 4. 선고 2019구합51640 판결)

💡 도발에 의한 폭력

하란이는 자꾸만 쳐다보는 민진이가 귀찮아서 "부담스러우니 쳐다보지 마."라고 했어요. 하란이가 수업 시간에 손을 들자 민진이는 "발표하려고?"라고 물었고, 하란이는 "신경 쓰지 말라고!"라며 짜증을 냈어요. 민진이가 다시 말을 걸려고 하자 하란이가 주먹으로 민진이의 머리를 때렸습니다. 법원은 민진이가 도발을 했다 하더라도 폭행이 정당화되지는 않는다며 하란이의 행위를 학교폭력으로 인정했어요.

(유사 취지: 대전지방법원 2019. 7. 11. 선고 2018구합102804 판결)

💡 지나친 맞대응

재진이와 싸우던 유민이가 재진이의 얼굴을 먼저 때렸어요. 그러자 재진이도 유민이의 얼굴을 때리더니 책상을 뒤엎고, 빗자루로 유민이 어깨와 팔을 다섯 차례나 때렸어요. 재진이는 방어하려 한 거라 했지만, 법원은 지나친 공격은 방어로 볼 수 없다며 학교폭력으로 인정했어요.

(유사 취지: 부산지방법원 2019. 2. 20. 선고 2018가합48003 판결)

감금

도윤이와 싸운 지희는 다음 날 쉬는 시간과 점심시간에 계속 도윤이를 미술실로 부르고는 못 나오게 문을 닫아 버렸어요. 그리고 다른 친구에게, 미술실에 아무도 못 들어오게 막아 달라고 부탁했습니다. 법원은 지희가 폭행을 하며 도윤이를 막은 것은 아니지만, 자유롭게 미술실을 나갈 수 없는 상황을 만들었으므로 학교폭력이 맞다고 인정했어요.

(유사 취지: 대구지방법원 2023. 5. 11. 선고 2022구합22721 판결)

 유인

국환이는 인터넷에서 중고 핸드폰을 가져오면 신상 스마트폰과 바꿔준다는 글을 보고 판매자와 만났어요. 국환이가 중고 핸드폰을 건넸지만, 어른인 판매자는 약속대로 새 핸드폰을 주지 않고 "휴대폰 받고 싶으면 나 따라다녀!"라면서 여기저기 데리고 다녔어요. 법원은 판매자가 거짓말로 유인하고 핸드폰을 빼앗았다고 보고 미성년자 약취, 유인죄로 처벌했어요.

(유사 취지: 서울중앙지방법원 2023. 5. 17. 선고 2023고단6397 판결)

강요와 금전적 폭력, 친구와 나는 평등해요

법원이 정한 강요 및 금전적 폭력의 종류

싫어하는 일을 억지로 시키는 것을 강요라고 합니다. **우리 법원은 강요 때문에 정신적 고통을 받거나 금전적 피해를 당하는 것을 학교폭력**으로 규정하고 있어요.

친구에게 핫스팟을 켜라고 명령하는 '와이파이 강요', 먹을 것을 사 오라고 하는 '심부름 강요'는 금전적인 피해를 주는 학교폭력입니다. 게임 레벨업을 대신 시키는 '게임 대행 강요', 무거운 책가방을 대신 들게 하거나 숙제를 시키는 '할 일 미루기 강요'는 정신적인 피해를 주는 학교폭력이에요.

강요는 아니지만 금전적인 피해를 당하는 때도 있어요. **돈이나 물건을 빌려 간 뒤에 일부러 돌려주지 않거나, 직접 돈을 빼앗을 때**랍니다. 우리 법원은 이런 행동을 **'금품 갈취'로 인한 학교폭력**으로 봐요. 돈을 가지고 오라며 무서운 표정으로 으름장을 놓거나, 돈을 주지 않으면 때린다며 **겁을 주는 '공갈' 역시 학교폭력**입니다.

친구와 나는 평등한 관계입니다. 누군가는 명령하거나 시키기만 하고 누군가는 들어주기만 하면, 그건 평등한 관계가 아니지요. 강요와 공갈은 평등한 친구 관계를 무너뜨리는 행동이랍니다.

강요와 금전적 폭력에 적극적으로 대처하는 방법

단호하게 거절하기

친구가 내게 '하기 싫은 일'을 자꾸만 하라고 한다면 "그 행동은 하기 싫어."라고 단호하게 거절하세요. 이런 친구들은 상대방이 단호하게 나오면 오히려 뒤로 물러선답니다.

강요당한 내용 기록하기

억지를 부리거나, 무섭게 굴어서 거절하지 못할 때도 있습니다. 이럴 때는 친구가 정확히 어떤 일을 시켰는지, 그때 표정과 말투는 어땠는지, 내 감정은 어땠는지 일기장이나 온라인 대화방, 개인 SNS 등에 적어 두세요. 시간이 지나면 잊을 수 있으니 바로 적는 게 중요합니다.

돈이나 물건을 빌려줄 때 확인하기

돈이나 물건을 빌려줄 때는 언제 누구에게 무엇을 빌려주었는지 적어 두세요. 대화창에 대화 내용으로 남겨도 좋아요. 특히 값비싼 물건이나 소중한 것을 빌려줄 때는 "아끼는 거니까 사용하고 바로 돌려줘."라고 하세요.

돌려받을 때는 직접 받기

빌려준 돈이나 물건을 돌려받을 때는 반드시 "나한테 직접 돌려줘."라고 하세요. 다른 친구를 통해서 전달하거나, 내 책상 위에 올려 두는 식으로 돌려주면 내가 확인하지 못해 잃어버릴 위험이 있으니까요. 물건에 이름표를 붙이는 습관을 들이면 내 물건이 누구에게 있는지 확인하기 좋습니다.

돈을 빼앗기면 바로 신고하기

돈을 강제로 빼앗기면 즉시 어른들, 혹은 경찰에 신고합니다. 적은 돈이라도 갈취는 절대 용납되지 않아요. 경찰에 신고하면 상황 조사를 거쳐 처분을 받습니다. 친구의 처분과는 별개로, 내가 입은 금전 피해를 변상받을 수 있어요. 친구는 아직 미성년자이므로 친구의 부모님이 대신해서 변상할 책임이 있답니다.

> **빼앗긴 돈은 어떻게 돌려받을까요?**
> 금전 갈취(사기, 공갈)는 형사상 범죄로 경찰 수사 후 범죄 처벌을 받습니다. 가해자는 형량을 낮추려고, 피해자에게 금전을 돌려주는 '합의'를 해요. 피해자는 이때 피해를 보상받을 수 있어요.

 **법원에서는 이렇게 판결했어요!**

물건 갈취

4학년 윤수는 2학년 하민이의 딱지가 탐이 나서 같이 딱지 치자고 했어요. 하민이가 싫다고 하자, 몰래 하민이의 가방을 뒤져서 딱지를 모두 꺼내 갔어요. 법원은 고학년 학생이 저학년 학생에게 딱지를 치자고 조른 후 이를 따르지 않자 딱지를 '빼앗은' 것으로 보고 학교폭력으로 인정했어요.

(유사 취지: 수원지방법원 2022. 5. 25. 선고 2021구합74663 판결)

강제 심부름

지우는 민성이를 '따까리'라고 불러요. 따까리니까 매점에서 먹을 걸 사라고 강요하면서 민성이에게 심부름을 시키기도 했어요. 법원은 지우의 행동을 강요와 강제적인 심부름으로 보고 학교폭력으로 인정했어요.

(유사 취지: 청주지방법원 2019. 5. 2. 선고 2018구합3955 판결)

선물 강요

수연이는 친구들 여럿이 다진이에게 선물을 사 달라고 하는 걸 보고, 자기 생일 선물도 사 달라고 했어요. 다진이가 선물을 사 주지 않자, 수연이는 "선물 안 사 줬으니 대신 돈으로 줘."라고 했어요. 법원은 생일 선물을 주지 않는다고 돈을 요구하는 건 일반적인 친구 관계에서 일어날 수 없는 일로 보고, 수연이의 행동을 학교폭력으로 인정했어요.

(유사 취지: 대전지방법원 2019. 11. 21. 선고 2018구합107809 판결)

 금전 갈취

윤진이는 지수에게 자꾸만 돈을 달라고 합니다. 처음에는 2천 원씩 달라고 하더니, 나중에는 5천 원, 6천 원씩으로 금액이 늘어났어요. 법원은 윤진이가 수십 번에 걸쳐 지속적으로 돈을 달라고 한 점을 고려해 학교폭력으로 보았어요.

(유사 취지: 수원지방법원 2016. 8. 17. 선고 2016구합927 판결)

물품 피해

동준이는 지운이에게 빌린 보조 배터리를 지운이 책상 위에 올려 두었어요. 그런데 보조 배터리가 분실되고 말았습니다. 동준이는 보조 배터리가 없어진 건 자기 탓이 아니라면서 변상을 하지 않았어요. 법원은 동준이의 행동이 지운이에게 금전적 피해를 주었다고 보아 학교폭력으로 인정했습니다.

(유사 취지: 수원지방법원 2020. 6. 10. 선고 2019가합13660 판결)

절도나 재물 손괴는 무조건 학교폭력일까요?

어떤 친구가 물건이 탐나서 물건을 훔쳤거나, 물건을 빌린 후 험하게 쓰다가 물건이 망가졌다고 합시다. 이건 학교폭력이 맞을까요? 엄밀히 따지면 학교폭력이 아니랍니다. 물건 주인을 괴롭히려고 한 게 아니라 단순히 그 물건이 탐이 나서 그런 거니까요. 학교폭력은 친구를 괴롭히려는 의도가 있는지를 중요하게 보거든요. 이런 경우는 단순 절도나 재물 손괴(망가뜨림)이므로 학교폭력이 아닌 선도위원회 징계 대상으로 봅니다. 물론 똑같은 행동이라도 나를 괴롭히려는 의도로 내 물건을 훔쳤다거나 훼손했다면 학교폭력이 맞으니 신고하도록 하세요.

성폭력, 주저 없이 도움을 요청해요

법원이 정한 성적인 폭력의 종류

괴롭힘, 성추행, 성폭력은 모두 학교폭력에 해당하는 '성폭력'이에요.

성적 괴롭힘은 정신적·신체적으로 불쾌감을 주는 음란한 말이나 행동을 말합니다. 가슴, 엉덩이, 성기처럼 민감한 부위를 만지는 신체적 괴롭힘, 야한 농담을 하거나 메시지를 보내는 언어적 괴롭힘, 음란한 사진이나 그림, 낙서,

> **성적 괴롭힘**
> 예전에는 '성희롱'이라고 불렀어요. 하지만 서로 장난치고 놀린다는 뜻의 '희롱'이 무거운 성범죄 내용과는 맞지 않아, 이제는 성적 괴롭힘이라고 부릅니다.

혹은 신체 부위를 보여 주거나 만지게 하는 시각적 괴롭힘이 있습니다. **성추행은 상대의 의사를 무시하고 몸을 만지는 행동이에요. 성폭력은 강제로 성관계를 하거나, 성관계와 비슷한 행동을 하는 것을 말하지요.**

요즘 가장 많이 일어나는 성폭력은 사이버 성폭력일 거예요. 동의 없이 카메라로 친구의 신체 부위를 촬영하는 일, 동의 없이 그 사진을 유포하는 일, 친구의 사진·영상에 다른 야한 사진을 합성하거나 변형하는 '딥페이크'는 모두 사이버 성폭력입니다.

성폭력은 학교폭력이지만, 때에 따라서는 형사 처벌을 받는 범죄가 되기도 해요. 심각한 사안이라면 경찰에 신고하는 것이 좋습니다.

성적인 폭력에 적극적으로 대처하는 방법

거부하지 않았더라도 피해자라는 걸 깨닫기

거절하지 못했다고 자책하지 마세요. 잘못은 가해자에게 있으니까요. 당시에 적극적으로 거절 의사를 표현하지 않았더라도, 내가 원하지 않는데 가슴 같은 예민한 부위를 만졌다면 당연히 학교폭력임을 꼭 기억하세요.

디지털 성폭력은 추가 피해를 최대한 막기

디지털 성폭력은 사진이나 영상이 모르는 사람들에게 빠르게 퍼질 수 있으니, 즉시 어른에게 알리세요. 직접 영상물 삭제를 요청하거나, 경찰에 신고해 피해 범위를 확인하고 정부 기관의 도움을 받는 게 좋습니다. 방송통신심의위원회(service.kocsc.or.kr)의 '디지털 성범죄 신고' 란이나 방송통신위원회(kcc.go.kr)의 '신고 센터'가 도움이 될 거예요.

성폭행은 증거 확보 후 법률 지원받기

성폭행을 당했다면 주저 없이 주변에 도움을 요청하세요. 가까운 '해바라기 센터'에 방문하면 증거 확보와 수사 및 행정 지원까지 받을 수 있습니다.

 법원에서는 이렇게 판결했어요!

성적 괴롭힘

성윤이는 미술 시간에 여자아이들에게 일부러 누드 그림을 보여 주고, 성관계하는 모습을 표현했습니다. 법원은 성윤이의 행동이 다른 친구들의 성적 자기결정권을 침해한다고 보아 학교폭력으로 인정했어요.

(유사 취지: 수원지방법원 2020. 5. 21. 선고 2019구합68184 판결)

성추행

성준이는 학원 버스에서 효은이의 허벅지를 쓰다듬었어요. 효은이가 팔을 휘저으며 싫다고 했지만 멈추지 않았습니다. 성준이는 자기 어깨와 무릎으로 효은이의 어깨와 무릎을 툭툭 쳤을 뿐이라고 했지만, 법원은 성준이의 행동이 성적 불쾌감을 주었다며 학교폭력으로 인정했어요.

(유사 취지: 인천지방법원 2022. 5. 26. 선고 2021구합53966 판결)

사이버 성폭력

친구에게 여자가 가슴을 만지고 있는 야한 사진을 받은 하근이는 이 사진을 학급 단체 채팅방에 올렸다가 1분 뒤에 삭제했어요. 법원은 하근이가 사진을 삭제했지만 그 전에 이미 반 친구들이 사진을 보았으며, 그 수위가 높으므로 학교폭력이라 인정했어요.

(유사 취지: 서울행정법원 2020. 11. 26. 선고 2020구합56858 판결)

 불법 촬영

가민이는 책상 밑으로 카메라를 내려 같은 학원 여학생들의 다리, 종아리, 무릎, 발목 사진을 여러 차례 찍었어요. 가민이는 찍은 부위가 성적 욕망을 유발하는 부위가 아니고, 사진을 혼자만 보았다고 변명했지만, 법원은 가민이가 허락 없이 타인의 신체를 촬영한 행동을 학교폭력으로 인정했어요.

(유사 취지: 서울행정법원 2023. 6. 1. 선고 2022구합84314 판결)

딥페이크 범죄

정환이는 같은 학년 친구들과 후배들의 얼굴 사진을 성인 여성 나체 사진에 합성하도록 사이버상의 업자에게 의뢰하고, 합성된 사진을 전송받았습니다. 법원은 정환이가 다른 사람에게 합성을 부탁하는 과정에서 친구들의 사진이 불특정 다수에게 유포될 가능성이 있고, 피해자들이 정신적 충격을 받았을 것으로 보고 정환이의 행동을 딥페이크 범죄로 인정했어요.

(유사 취지: 서울고등법원 2024. 11. 1. 선고 2024노1823 판결)

그림 이황희(헬로그)

매일 건네는 인사처럼 다정하고 따뜻한 그림을 그리는 그림책 작가이자 만화가, 일러스트레이터입니다. 『봄동이네 행복 일기』, 『책임감이 자라는 강아지 탐구 생활』, 그림책 『한 코 두 코』를 쓰고 그렸고, 『아홉 살 말 습관 사전』, 『아들 엄마의 말 연습』, 『아홉 살, 단호하게 말해요』의 그림을 그렸습니다.

helloooog16@gmail.com

열두 살, 용감하게 맞서요

초판 1쇄 인쇄 2025년 4월 15일
초판 1쇄 발행 2025년 4월 25일

지은이 이해은
그림 이황희
발행인 강선영·조민정
펴낸곳 (주)앵글북스
디자인 강수진

주소 서울시 종로구 사직로8길 34 경희궁의 아침 3단지 오피스텔 407호
문의전화 02-6261-2015 **팩스** 02-6367-2020
메일 contact.anglebooks@gmail.com

ISBN 979-11-94451-12-9 74190
ⓒ 이해은, 2025

* 리틀에이는 ㈜앵글북스의 아동·청소년 브랜드입니다.
* 이 책은 저작권법에 의해 보호를 받는 저작물이므로 무단 전재와 복제를 금하며 책 내용의 전부 또는 일부를 사용하려면 반드시 저작권자와 ㈜앵글북스의 서면 동의를 받아야 합니다.
* 잘못된 책은 구입처에서 바꿔드립니다.